W0110452

Thomasius · Häßler · Nesseler
Wenn Jugendliche trinken

Prof. Dr. med. Rainer Thomasius ist Ärztlicher Leiter des Deutschen Zentrums für Suchtfragen des Kindes- und Jugendalters (DZSKJ) am Universitätsklinikum Hamburg-Eppendorf. Er gilt als einer der wichtigsten Experten zum Thema Jugend und Sucht. Ein Schwerpunkt seines Wirkens ist die Familienperspektive: »Zukünftig müssen wir in der Suchtprävention sowie in Suchtberatung und -therapie Eltern und Angehörige viel stärker berücksichtigen.«

Dr. phil. Thomas Nesseler ist Hauptgeschäftsführer und Pressesprecher der Deutschen Gesellschaft für Psychiatrie, Psychotherapie und Nervenheilkunde (DGPPN) in Berlin und der Deutschen Gesellschaft für Kinder- und Jugendpsychiatrie (DGKJP). In dieser Funktion initiierte er u.a. mit Berliner Schulen den »Schülerkongress« beim jährlichen DGPPN-Kongress sowie Informationsveranstaltungen bei den Jahrestagungen der DGKJP.

Prof. Dr. med. Frank Häßler ist Direktor der Klinik für Psychiatrie, Neurologie, Psychosomatik und Psychotherapie im Kindes- und Jugendalter des Universitätsklinikums Rostock – neben der Versorgung einer der führenden Forschungseinrichtungen zur psychischen Gesundheit von Kindern und Jugendlichen.

Unseren Interviewpartnern, den Autorinnen und Autoren sowie allen anderen, die zum Gelingen dieses Ratgebers beigetragen haben, gebührt unser herzlicher Dank. Hier ist besonders Frau Pascale Sorg, Frau Dagmar Reiche sowie Frau Nathalie Blanck für die hervorragende Bearbeitung der Manuskripte zu danken. Unseren Kollegen Dr. Manfred Stolle, Dr. Olaf Reis und Detlev Krüger gebührt unser Dank für die profunde Beratung und Hilfestellung, Hildegard Fleischer, David Herbert, Detlev Krüger für die Bereitschaft, Ihre Erfahrungen mitzuteilen. Nicht zuletzt danken wir dem TRIAS-Verlag, vor allem Frau Sibylle Duelli, die uns über die gesamte Entstehungszeit hinweg mit Zuspruch, Rat und Tat unterstützte.

Prof. Dr. Rainer Thomasius
Prof. Dr. med. Frank Häßler
Dr. Thomas Nesseler

unter Mitarbeit von Nathalie Blanck, Dagmar Reiche,
Pascale Sorg, Dr. Udo Küstner, Dr. Martin Stolle,
Dr. Olaf Reis

Wenn Jugendliche
trinken

Auswege aus Flatrate-Trinken
und Komasaufen: Jugendliche, Experten
und Eltern berichten

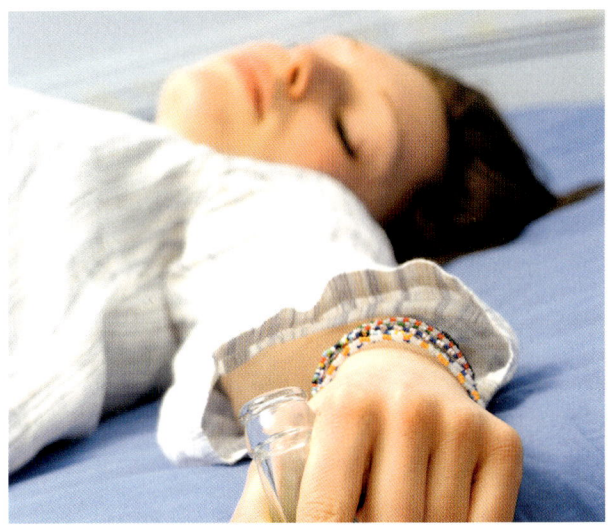

Deutsche Gesellschaft für
Kinder- und Jugendpsychiatrie,
Psychosomatik und Psychotherapie e.V.

Inhalt

Inhalt

Liebe Leserin, lieber Leser,

riskanter Alkoholkonsum ist bei Kindern und Jugendlichen weit mehr verbreitet, als viele von uns denken. Zum einen fällt der exzessive Alkoholkonsum auf. Das so genannte Rauschtrinken oder auch »binge drinking« hat in den letzten Jahren stark zugenommen und an sozialer Akzeptanz bei Jugendlichen gewonnen – bei Jungen wie bei Mädchen. Die Fälle von Kindern und Jugendlichen mit Alkoholvergiftung ist ebenfalls massiv angestiegen.

Und dann ist die Gesamtmenge konsumierten Alkohols vor allem bei den älteren Jugendlichen und jungen Erwachsenen in Deutschland deutlich zu hoch. Die Konsequenzen sind augenfällig: Ein nicht unbeträchtlicher Teil der Kinder und Jugendlichen zeigt ungünstige alkoholbezogene Auswirkungen. Die Folgen der Alkoholvergiftung, aber auch das Risiko für eine spätere Akoholabhängigkeit zwingen uns zum Handeln.

Nur wie? Sind Aufklärung und Verbote wirksam? Wie spreche ich mein Kind an, wenn es betrunken nach Hause kommt? Wie lassen sich Jugendliche an einen verantwortungsvollen Umgang mit Alkohol heranführen? Die Herausgeber dieses Ratgebers sind in ihrem Berufsalltag ständig mit Kindern und Jugendlichen konfrontiert, vor allem auch mit suchtgefährdeten Jugendlichen. Wir möchten Eltern, Lehrern und

jedem, der mit Jugendlichen zu tun hat, eine Orientierungshilfe rund um das Thema »Wenn Jugendliche trinken« geben, und wir möchten unsere Leserinnen und Leser dabei unterstützen, die eigene Situation richtig einzuschätzen. Wir wollen Hintergrundwissen zu den Konsummotiven und -zusammenhängen vermitteln. Wir erklären, wie Eltern, Lehrer und Jugendbetreuer ihre Schützlinge auf das Thema Alkohol ansprechen können und welche Präventionsmaßnahmen es in Gemeinden, Schulen und auch im Internet gibt. Wir stellen auch die Beratung und Behandlung für suchtgefährdete Kinder und Jugendliche vor.

Neben betroffenen Jugendlichen und vielen Eltern kommen in diesem Ratgeber mehrere Experten aus Wissenschaft und Praxis zu Wort. Sie erläutern eindrücklich die neuen pädagogischen, psychologischen und medizinischen Erkenntnisse.

Wir wünschen uns, dass sich unsere Begeisterung für die Suchtprävention und frühe Hilfestellung Ihnen mitteilt und Ihnen Perspektiven und Rat gibt. Und wir hoffen, mit diesem Buch eine Hilfe für alle diejenigen zu geben, die sich mit dem Thema in Familie und Beruf auseinandersetzen.

Sommer 2009   Die Herausgeber

Jugendliche & Alkohol –
Klarheit statt Mythen

INTERVIEW

Jugendliche kommen zu Wort

»Alkohol zu trinken, ist halt cool – die anderen Jungs erzählen auch immer, dass sie bei der letzten Familienfeier heimlich Alkohol getrunken haben. Da kriegen die Erwachsenen das ja eh nicht mit oder sagen nix dazu.«

Max, 13 Jahre

»Ich weiß gar nicht, was die anderen eigentlich so toll am Alkohol finden. Wenn die getrunken haben, sind die total albern und tun so bescheuert rum. Voll peinlich!«

Justin, 14 Jahre

»Jeder trinkt doch mal Alkohol. Seit meiner Konfirmation darf ich auch bei Geburtstagen oder Weihnachten mal ein Glas Sekt oder Wein trinken. Also am Anfang hat das mir ja nicht so geschmeckt. Aber ich bin ja jetzt auch kein Kind mehr – das gehört einfach dazu.«

Sarah, 15 Jahre

»Wenn ich mich am Freitag Abend mit Kumpels treff', trinken wir schon mal ganz gern ein Bier. Jeder bringt halt was mit – wenn die Älteren kommen, gibt's auch mal Wodka oder Whiskey. Gemischt trinken, das tun ja auch die Mädels ganz gern. Wir sind dann alle richtig locker drauf – man traut sich mehr.«

Fabian, 16 Jahre

»Alkohol macht einfach lustig und entspannt. Da kann man richtig gut Party machen und neue Leute kennen lernen. Endlich Wochenende und einfach Spaß haben. Das machen doch alle so.«

Christian, 17 Jahre

»So ein erfrischendes Radler nach dem Sport ist einfach was Gutes und löscht den Durst. Man sitzt noch eine Runde gesellig beisammen. Und gesund ist's auch noch in Maßen.«

Jens, 17 Jahre

Steigt der Pegel?

Schon seit mehreren Jahren finden sich in den Zeitungen jede Woche neue Meldungen über angetrunkene Jugendliche, die exzessiv Party feiern, Alkohol wie Wasser trinken und mit teilweise dramatisch hohen Promillespiegeln bewusstlos im Krankenhaus landen. Ist das alles nur sensationsheischende Panikmache oder sollten auch Sie sich mit der Möglichkeit auseinandersetzen, dass Ihr Kind demnächst eine Titelgeschichte liefert?

Jugendliche trinken weniger als früher ...

Seit mehr als 35 Jahren werden jedes Jahr viele Jugendliche und junge Erwachsene hinsichtlich ihres Alkoholkonsums befragt. Vergleicht man die Zahlen, zeigt sich, dass der Konsum von Alkohol – und zwar egal ob Bier, Wein, Spirituosen, Mischgetränke – kontinuierlich zurückgeht. Kurz nach der Jahrtausendwende wurde dieser beruhigende Trend leider durchbrochen. Innerhalb weniger Jahre wurden Alkopops, vom Handel als fertige Mischung angebotene alkoholhaltige Getränke, so beliebt, dass die Zahlen erstmalig seit 30 Jahren anstiegen.

Alarmierende Berichte von Expertengremien und ein entsprechendes Echo in den Medien führten zu einer raschen politischen Reaktion: Eine starke Preiserhöhung dieser Getränkeart erfolgte im August 2004, eine verschärfte Abgaberegelung (Verkauf von Alkopops erst ab 18) schränkte die Attraktivität dieser Getränkeart weiter ein. In den Folgejahren nahm der Konsum an Alkopops daraufhin wieder ab – wie auch der Alkoholkonsum insgesamt wieder eine rückläufige Tendenz zeigt. Alkoholkonsum ist also lenkbar, das zeigt dieses Beispiel gut.

Heißt das also, die Situation wurde durch Gegenmaßnahmen entschärft, es gibt keinen Anlass zur Besorgnis, der Alkoholkonsum der Jugendlichen ist unter Kontrolle? Leider muss man darauf mit einem klaren Nein antworten.

Steigt der Pegel?

... aber die, die trinken, trinken riskanter

Es sind zwar insgesamt weniger Jugendliche, die Alkohol trinken, aber der Alkoholkonsum derjenigen, die trinken, hat zugenommen und ist viel extremer geworden. Die Hauptgefahr liegt weniger darin, dass sie vom Alkohol abhängig werden, sondern eher, bei diesen Alkoholexzessen Schäden zu erleiden – durch Stürze und Unfälle, aggressive Entgleisungen, sexuelle Übergriffe.

Trinken, bis der Arzt kommt. In den letzten Jahren hat eine extremere Form der Alkoholaufnahme, das Binge-Drinking, bei der in kürzester Zeit große Alkoholmengen aufgenommen werden, trotz aller Gegenmaßnahmen keine nennenswerte Abnahme erfahren.

Trinken mit Zahnspange. Das durchschnittliche Einstiegsalter, also der Zeitpunkt, an dem ein Jugendlicher das erste Mal Kontakt zu alkoholischen Getränken hat, hat sich in den letzten 10 Jahren immer weiter vorverlagert. Zwar gehört das Erlernen des Umgangs mit dem Genuss- und Suchtmittel Alkohol zu Pubertät und Jugendalter dazu, trotzdem fördert ein so früher Konsumbeginn, dass aus dem Ausprobieren eine Gewöhnung und später eine Sucht werden kann.

Ohne Trinken geht es nicht. Trotz der optimistisch stimmenden Zahlen des Gesamtalkoholkonsums Jugendlicher sind in Deutschland ca. 160 000 Kinder, Jugendliche und junge Erwachsene von Alkoholmissbrauch und -abhängigkeit betroffen – ungefähr so viele Einwohner, wie in Darmstadt, Heidelberg oder Potsdam leben.

ZAHLEN UND FAKTEN

Hätten Sie gewusst, dass ...?

- 2004 noch 21,2 Prozent aller 12- bis 17-jährigen Jugendlichen im letzten Jahr mindestens wöchentlich irgendein alkoholisches Getränk getrunken haben, es 2008 dagegen nur noch 17,4 Prozent sind
- aber 2007 der durchschnittliche wöchentliche Alkoholkonsum eines 16- bis 17-jährigen Jungen 2007 bei 12 Gläsern Bier oder 3 Flaschen Wein liegt
- und die Hälfte aller Jugendlichen in dieser Altersklasse mindestens 1-mal im Monat Binge-Drinking praktizieren
- früher Jugendliche im Durchschnitt mit 14 Jahren erste Erfahrungen mit Alkohol gesammelt haben, inzwischen probieren schon die Hälfte der 12-Jährigen einmal Alkohol

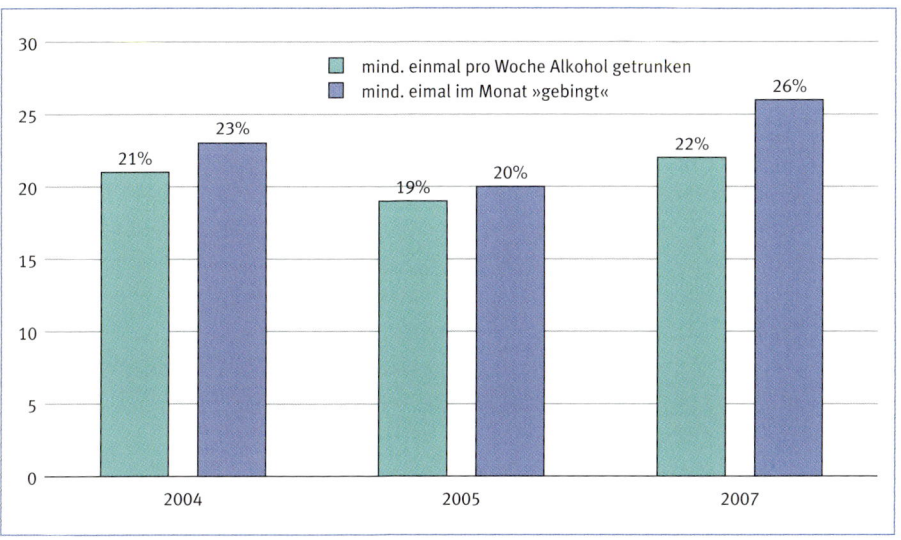

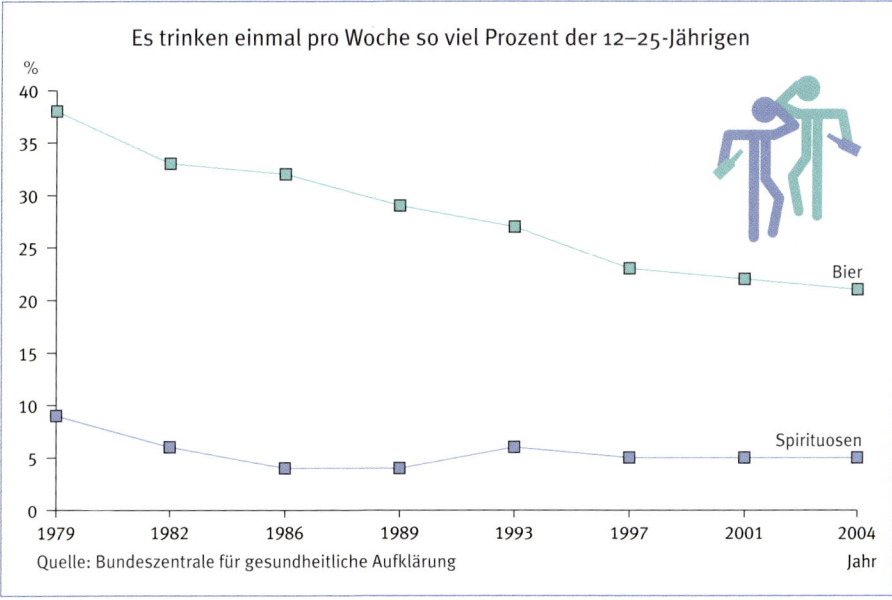

▲ Oben sehen Sie die Entwicklung des Binge-Drinkings bei 12- bis 17-Jährigen; unten ist die Entwicklung des Gesamtalkoholkonsums bei Jugendlichen in den letzten 30 Jahren zu verfolgen.

Kennen Sie den Unterschied zwischen Missbrauch und Abhängigkeit?

Wie lange gilt das Trinken von Alkohol als normaler »Konsum«, ab wann ist es ein »Missbrauch«, woran erkennt man eine »Abhängigkeit« oder »Sucht«? Wie gut wissen Sie über die verschiedenen Begrifflichkeiten Bescheid?

Alkoholkonsum

Dies bezeichnet einfach das Trinken von Alkohol – warum und wie viel, wie regelmäßig und welche Art von Alkohol ist unerheblich. Unter normalem oder sozialem Konsum versteht man, dass sich jemand beim Trinken an die gesellschaftlich vorgegebenen Normen hält, z.B. zum Essen ein Glas Wein trinkt, in der Kneipe zwei Glas Bier. Jugendliche übernehmen diese Wertvorstellungen von ihrem Umfeld, was den verantwortungsvollen Gebrauch von Alkohol durch Erwachsene notwendig macht.

Wie viel ist zu viel?

Oft herrscht die Ansicht, dass erst eine Alkoholabhängigkeit gesundheitliche Folgen hat. Dies ist falsch: Auch gewohnheitsmäßiger oder starker Konsum kann Körper und Psyche schädigen.

Um sowohl akute Risiken als auch Langzeitfolgen zu vermeiden, geht es darum, zum einen möglichst wenig Alkohol und zum anderen, diesen nicht regelmäßig zu trinken. Konkrete offizielle Empfehlungen für solch einen »risikoarmen Alkoholkonsum« (der also nur in Ausnahmefällen die Gesundheit schädigt) existieren allerdings nur für gesunde Erwachsene ohne angeborene oder erworbene gesundheitliche Belastung.

Mädchen und Jungen unterscheiden sich. Bei gleicher Alkoholmenge und gleichem Gewicht weisen Mädchen eine um etwa ein Viertel größere Blutalkoholkonzentration als Jungen auf. Warum ist das so? Zum einen, weil sie relativ weniger Körperwasser und mehr Fettgewebe haben, der Alkohol sich also auf weniger Flüssigkeit verteilt, zum anderen ist ihre Enzymaktivität etwas geringer. Da Mädchen zusätzlich prinzipiell anfälliger für die schädigenden Wirkungen von Alkohol sind, müssen sie mit Alkohol besonders zurückhaltend umgehen.

Alkoholmissbrauch

Hier weicht der Alkoholkonsum von den anerkannten Normen insofern ab, als dass er einmalig oder wiederholt in übermäßiger Dosierung erfolgt. Weiter liegt ein Missbrauch vor, wenn der wiederholte Konsum dazu führt, dass Ihr Kind

- wichtige Aufgaben in Schule, Beruf und Familie vernachlässigt,
- körperlich Schaden nehmen könnte – z. B. alkoholisiert Fahrrad oder Auto fährt,
- mehrmals unter Alkoholeinfluss mit dem Gesetz in Konflikt gerät und
- trotz fortgesetzter Probleme mit seinem Umfeld weiter am zu starken Alkoholkonsum festhält.

Wiederholter Missbrauch führt nicht in jedem Fall zur Abhängigkeit, fördert sie aber immens; in Deutschland weist jeder 10. der 16- bis 17-Jährigen einen Alkoholmissbrauch auf.

Alkoholabhängigkeit/-sucht

Hier besteht ein starker und manchmal übermächtiger Wunsch, Alkohol zu trinken. Dabei wird häufig auch mehr und länger getrunken, als zuerst beabsichtigt war – die Kontrolle schwindet.

Empfehlungen für Erwachsene

- Es sollte nur an maximal 5 Tagen pro Woche Alkohol getrunken werden und dann
- pro Tag von Frauen nicht mehr als ein Standardglas (10–12 g Alkohol), von Männern nicht mehr als zwei Standardgläser (20–24 g, das entspricht etwa einem halben Liter Bier oder einem Viertel Wein).
- Außerdem sollten pro Jahr mehrere alkoholfreie Wochen eingelegt werden.

Es werden immer größere Mengen Alkohol benötigt, um den gewünschten Effekt, z. B. Lockerheit, Entspannung, gute Laune, zu erhalten – man toleriert Alkohol besser. Ohne Alkohol kann es zu Entzugssymptomen wie körperlichem Zittern, Schweißausbrüchen, Herzrasen, Aggressivität etc. kommen. Alles dreht sich zunehmend nur noch um den Alkohol: Wie bekommt man welchen? Wann kann man etwas trinken? Andere Aktivitäten, selbst Wichtiges wie Schulbesuch oder Arbeitszeiten werden zurückgestellt und dem Wunsch nach Alkohol untergeordnet. Selbst wenn schon Folgeschäden auftreten, wird weiter Alkohol getrunken. Erschreckend ist, dass die Diagnose Alkoholabhängigkeit bereits 4 % aller 16- bis 17-jährigen Jugendlichen betrifft – stellen Sie sich 10 Schulklassen vor, dort ist durchschnittlich ein Schüler alkoholabhängig.

- Übrigens: Diese Empfehlungen variieren nicht nur weltweit, sondern auch von Fachgesellschaft zu Fachgesellschaft und Verband zu Verband.

Empfehlungen für Jugendliche

- Für Jugendliche bis 20 Jahre sollte der Alkoholkonsum deutlich unter den Grenzwerten für Erwachsene liegen, da die körperliche Entwicklung noch nicht abgeschlossen ist.

Ein Jugendlicher ab 14 Jahre darf ab und zu Alkohol trinken; wenn Ihr Kind allerdings häufig oder sogar täglich bzw. immer wieder viel auf einmal trinkt, ist das ein Warnsignal. Wenn Jugendliche in der Woche 120 g reinen Alkohol (das entspricht etwa 10 Standardgläsern) zu sich nehmen, spricht das für einen intensiven und damit risikoreichen Alkoholkonsum.

- Kinder unter 14 Jahren sollten überhaupt keinen Alkohol trinken, da ihre Gesundheit besonders stark gefährdet ist. Trinkt Ihr Kind bereits in dieser Altersspanne bewusst Alkohol, sollten Sie sich fachliche Hilfe suchen.

Das schwierige Alter zwischen 10 und 20

Für Jugendliche ist Alkohol sicher primär nicht das vorrangige Problem – sie befinden sich in einer schwierigen Zeit der Übergänge, die sie voll und ganz fordert: Der eigene Körper verändert sich, die Hormone schießen quer, die Rolle der Eltern wird in Frage gestellt, Beziehungen zu Gleichaltrigen nehmen einen immer größeren Platz ein, Leistungen in Schule und Ausbildung haben Bedeutung für das gesamte weitere Leben. In der Entwicklungspsychologie spricht man gerne von Aufgaben, die jeder Jugendliche zu bewältigen hat.

Freunde haben, Eltern meiden. Soziale Beziehungen, also der Aufbau eines Freundeskreises, nehmen in dieser Phase einen genauso wichtigen Platz ein wie das Erlangen von Unabhängigkeit, womit v. a. der Ablösungsprozess von den Eltern gemeint ist. Sie merken das zum einen an der wenigen Zeit, die Ihr Kind zuhause verbringt, zum anderen daran, dass das Verhalten von Freunden Ihres Kindes immer mehr der Maßstab wird und das, was Sie zu den verschiedenen Themen zu sagen haben, immer weniger zählt.

Sich selbst suchen und finden. Das Finden einer eigenen Identität, sich zu überlegen, wer man ist, was man will und wie man das erreichen kann, erfordert Zeit, eventuell ein Ausprobieren verschiedener Alternativen und geht mit der Übernahme der Geschlechtsrolle einher. Sie bemerken in dieser Zeit, dass sich das Verhalten Ihres Kind je nach Tagesform ändert, heute ist es kritisch, morgen desinteressiert, mal werden geschlechtsspezifische Merkmale betont, z. B. durch enge Hosen, mal durch extra weite Kleidung kaschiert.

Während dieses Prozesses bilden sich ein eigenes Werte- und Normsystem sowie Kompetenzen aus, die zum einen den Aufbau einer ökonomisch selbstständigen Existenz ermöglichen, zum anderen auch jeden individuell je nach Bedürfnislage zwischen den vielen Konsum- und Freizeitangeboten wählen lässt.

Experimentieren und an Grenzen gehen. Das Experimentieren mit bekanntem, an anderen beobachtetem Verhalten, von unterschiedlichen Rollenmustern, das Ausprobieren von Alkohol, Tabak und eventuell sogar anderen Suchtmitteln gehört dabei in einem gewissen Rahmen genauso dazu wie das Austesten von Grenzen in Familie, Schule und Beruf – Ihre Geduld wird dabei oft auf eine harte Probe gestellt. Emotionale Entladungen, unzuverlässige Aussagen, Lügen, selbst Konflikte mit dem Gesetz sind keine Seltenheit.

Wofür steht Alkohol in dieser Phase?

Alkohol zu trinken, bedeutet für Ihr Kind, Spaß zu haben und zu genießen. Außerdem gibt sein Gebrauch Ihrem Kind das Gefühl, erwachsen zu sein. Unter Alkoholeinfluss fällt es Ihrem Kind leicht, Kontakt zum anderen Geschlecht aufzunehmen, und seine Cliquenzugehörigkeit wird mit gemeinsamem Trinken gefestigt. Bedenken Sie, dass ein Gläschen Alkohol bei vielen Veranstaltungen zum guten Ton gehört

und soziales Ritual ist, an dem Sie vermutlich auch teilnehmen.

Jugendliche schwanken im Selbstbild oft zwischen Selbstherrlichkeit und großen Selbstzweifeln, auch kleinere Probleme stellen sich ihnen schnell als große Krise dar, für die sie eine rasche Lösung suchen – da bietet sich Alkohol als Problemlöser an: Er verleiht Ihrem zweifelnden Kind stundenweise Sicherheit und ist Weichzeichner für Sorgen und Nöte.

Daneben wird Ihr Kind Alkohol je nach Gelegenheit als Protest, Ausdruck des

AUF DEN PUNKT

Das erwarten Jugendliche vom Alkohol

- Jeder **Zweite** findet, dass Alkohol für Spaß und gute Stimmung sorgt, wenn man mit anderen zusammen ist, und dass man kontaktfreudiger wird und entspannt.
- Jeder **Dritte** meint, dass Alkohol in Maßen die Gesundheit fördert, lockerer macht und hilft, Probleme zu vergessen.
- Für jeden **Fünften** gehört Alkohol dazu, wenn man das Leben genießen will.
- Jeder **Zehnte** meint, dass ein oder zwei Gläser Alkohol helfen, wenn man deprimiert ist.
- Einige Jugendliche vertreiben sich mit Alkohol die Langeweile, wenn sie allein sind.

Steigt der Pegel?

persönlichen Stils, zur Stress- und Ge-
fühlsbewältigung einsetzen. Hier hat
Alkohol eine Funktion, die Ihnen sicher
bekannt ist – schließlich erfüllt er diese
ja nicht nur während des Erwachsenwerdens, sondern auch noch in späteren Lebensphasen.

Der vor Ihnen erst verheimlichte, später
dann offen demonstrierte Alkoholkonsum verletzt zudem erst unbewusst,
später mit Absicht Ihre elterliche Kontrolle und demonstriert Unabhängigkeit.

Trinken Jugendliche heute anders?

Fand das Trinken von Alkohol früher
eher in dunklen Ecken und heimlich
statt, wenn die Eltern außer Haus waren, sieht man in den letzten Jahren
vermehrt Jugendliche ganz offen auf
der Straße, im Bus oder Zug mit einem
alkoholischen Getränk.

Trinken fällt eher auf
Da die Hemmungen abnehmen, Alkohol in normalen Alltagssituationen
zu trinken, z.B. nach der Schule, auf
dem Schulweg oder beim Bus- oder
Zugfahren, erscheint uns der Alltag
zunehmend »alkoholisiert«. Dass der
Alkoholkonsum vermehrt im öffent-
lichem Raum stattfindet, macht ihn
einerseits auffälliger (man hat als
Betrachter das Gefühl, dass viel mehr
Jugendliche trinken), führt andererseits
aber auch dazu, dass er eher vom Umfeld wahrgenommen wird – das bietet
uns Erwachsenen die Möglichkeit zur
Reaktion.

Auffällig wird das Trinken auch immer
dann, wenn es extrem wird: bei einer
Alkoholvergiftung, wenn das eigene
Kind im Krankenhaus aufwacht oder
wenn es polizeilich auffällt, weil es
einen Unfall verursacht hat oder so
handgreiflich geworden ist, dass die
Polizei die Auseinandersetzung schlich-
ten muss. Ein anderes Alarmzeichen
sind wiederholte Probleme in Schule
oder Ausbildung oder mit Familie und
Freunden, die durch das Trinken von
Alkohol entstehen – Unzuverlässigkeit,
mangelnde Leistungen, das Versäumen
wichtiger Termine treten dann immer
öfter auf.

Trinken plus
Die Hemmschwelle, ein Rausch- oder
Suchtmittel zu sich zu nehmen, scheint
zu sinken – man probiert heute eher
mal was aus. Die Trennung zwischen
erlaubten und unerlaubten Mitteln
vermischt sich dabei immer mehr:
Schon die Hälfte aller 11- bis 15-Jähri-

gen haben bereits erste Erfahrungen mit Alkohol und Tabak gemacht, ein Viertel der Neuntklässler hat aber auch schon Cannabis ausprobiert. Zwar handelt es sich dabei mehr um ein Ausprobieren und Experimentieren, aber vor dem vollendeten 16. Lebensjahr trinkt und raucht mindestens jeder zehnte Jugendliche regelmäßig – oder nimmt Cannabis zu sich. Jugendliche in ländlichen Strukturen neigen dabei tendenziell weniger zum Mischkonsum als Jugendliche aus der Stadt.

Exzessives Trinken (Binge-Drinking)

»Komasaufen«, »Flatrate-Trinken«, »Kampftrinken« – bereits die Namen, die durch die Medien schwirren, sind besorgniserregend. Gemeint ist eine gefährliche Art des Alkoholkonsums, die in den letzten 10 Jahren bei Jugendlichen zunehmend beliebter geworden ist. Mit diesem »Rauschtrinken« oder dem englischen Begriff »Binge-Drinking« ist ein starker Alkoholkonsum in kurzer Zeit gemeint, also konkret: Wenn Mädchen mindestens 4, Jungen 5 Standardeinheiten Alkohol zu sich nehmen, das sind 4 bzw. 5 Gläser Bier, 4 bzw. 5 Gläser Wein oder 4 bzw. 5 Likörgläser Schnaps und zwar in ca. 2 Stunden. Dabei geht es nicht um ein erstes Ausprobieren des Genuss- und Suchtmittels Alkohol in versehentlich zu hoher Dosierung, sondern um wie-

derholtes, absichtliches Zuführen von Alkohol in großen Mengen.

Wer trinkt wann. Binge-Drinking ist ein gefährlicher Zeitvertreib, den in Deutschland zwei von drei der 16- bis 17-jährigen Jungen betreiben, dieser Wert liegt in Europa an der Spitze. Bei den gleichaltrigen Mädchen sind es mehr als ein Drittel, die mindestens einmal im Monat exzessiv trinken. Selbst von den Jüngeren praktiziert jeder Fünfte einmal im Monat Binge-Drinking. Überlegen Sie mal, dass es damit recht wahrscheinlich ist, dass auch Ihr jüngeres Kind jemanden kennt, der schon mal exzessiv Alkohol getrunken hat, oder dass Ihr etwas älteres Kind schon seinen ersten Vollrausch erlebt hat – und sei es nur bei guten Freunden.

Öffentliches Trinken. Große öffentliche Trinkgelage werden auch in anderen Ländern gefeiert – ob im Rahmen des Spring Breaks in den USA (eine Woche exzessive Studentenpartys an den Stränden Floridas und Mexikos), Sangria-Partys auf Mallorca oder als traditionelle Botellónes, mit bis zu zehntausenden Menschen in den warmen Regionen Spaniens. Seit 2005 ist das öffentliche Alkoholtrinken in Andalusien verboten, was zwar die Botellón-Tradition nicht komplett auslöschte, die Teilnehmerzahlen aber stark verringerte. 2008 wurden in mehreren Schwei-

Rauchen und Alkohol

Folgen? Weit weg!

Rauchen verursacht Krebs und Gefäßverkalkung – dies ist wohl eine Binsenweisheit. Rauchen verursacht 2- bis 3-mal so viel Todesfälle wie Alkohol und illegale Drogen zusammen. Doch das hindert noch immer 15 % der Jugendlichen im Alter von 12 bis 17 Jahren nicht daran, sich gelegentlich oder regelmäßig einen Glimmstängel anzustecken – Mädchen sogar etwas häufiger. Schließlich sind die möglichen Folgen so weit entfernt wie die Vorstellung, mal irgendwann 30 zu sein. Bei regelmäßigen Rauchern treten akut keine Nebenwirkungen, dafür aber angenehme Effekte wie Wachheit und Freude, verringertes Hungergefühl oder die Steigerung von Aufmerksamkeit und Gedächtnisleistungen auf. Warum also auf diese verzichten?

Trotzdem hat diese Prozentzahl auch etwas Erfreuliches: Sie zeugt nämlich von einem Abwärtstrend – im Jahr 2001 lag der Anteil der Raucher unter Jugendlichen noch bei 28 %. Die Raucherquote hat sich also seitdem halbiert und ist so niedrig wie nie seit der Erfassung der Zahlen 1979. Besonders positiv ist, dass der Anteil der Jugendlichen, die gar nicht erst mit dem Rauchen anfangen, steigt. Sicher auch ein Erfolg großer Präventionskampagnen wie »Rauchfrei« (www.rauch-frei.info) oder »be smart, don't start« (www.besmart. info).

Rauchen und mehr

Neben den bekannten Langzeitfolgen gibt es auch weniger bekannte Zusammenhänge: So wie starker Alkoholkonsum tritt auch das Rauchen häufiger gemeinsam mit psychischen Beeinträchtigungen auf – Jugendliche mit Depressionen oder Angsterkrankungen rauchen doppelt so häufig wie ihre gesunden Altersgenossen. Dabei scheinen sich Rauchen und Störungen gegenseitig zu beeinflussen: Rauchen begünstigt Depressionen und Angst, Depressionen wiederum führen zu starkem Rauchen, das aufgrund seine stimmungsaufhellenden Effekte auch zur Selbstmedikation eingesetzt wird.

Bei Jugendlichen, die früh regelmäßig rauchen, scheint insgesamt das Risiko für Alkohol- und Drogenkonsum, frühe sexuelle Erfahrungen (inklusive ungewollter Schwangerschaften) und Schulprobleme erhöht zu sein. Dazu kommt, dass es bei einer frühen Raucherkarriere besonders schwer ist, vom Rauchen wieder loszukommen; 4 von 5 erwachsenen Rauchern haben mit dem Laster im Teenageralter begonnen. Umgekehrt ist die Wahrscheinlichkeit, zum Raucher zu werden, recht gering, wenn die erste Zigarette nicht vor dem 20. Lebensjahr angerührt wurde.

Feuer und Feuerwasser

Zigaretten und Alkohol zusammen sind eine besonders explosive Mischung. Jugendliche, die früh mit dem Rauchen anfangen und häufig Binge-Drinking praktizieren, leben gefährlich. Sie neigen dazu, auch im Erwachsenenalter den riskanten Substanzkonsum (bis hin zur Sucht) beizubehalten. Regelmäßiges starkes Rauchen und Alkoholtrinken verkürzt das Leben: Fast ein Drittel der Menschen mit solchem

Konsumverhalten versterben vor dem 60. Lebensjahr; das Krebsrisiko steigt um den Faktor 2,5.

Jugendliche Raucher trinken mehr Alkohol als Nichtraucher und umgekehrt. Zum einen scheint es eine genetische Komponente zu geben, die zu einer größeren Bereitschaft generell für riskantes Verhalten oder auch direkt für den Konsum von Zigaretten und Alkohol, aber auch anderen psychoaktiven Substanzen führt. Daneben wirken beide Stoffe auf das Belohnungssystem im Gehirn, verstärken sich also gegenseitig in ihrer angenehmen Wirkung. Dazu fängt das Rauchen bis zu einem bestimmten Punkt die akuten unangenehmen Nebenwirkungen des Alkohols z. B. auf Konzentration und Bewegung ab.

Übrigens: Ob klassisch als Zigarette, angesagt als Wasserpfeife mit aromatisiertem Tabak (Shisha), prahlerisch als Zigarre oder altertümlich als Kautabak – in jeder Form entfaltet Tabak seine schädlichen Wirkungen und macht süchtig.

EXKURS

Shisha-Rauchen

»Lasst uns noch eine Wasserpfeife rauchen« – viele Cafés und Restaurants bieten inzwischen nicht nur in der Großstadt gemütliche, arabisch gestaltete Ecken. Ein beliebter Treffpunkt für immer mehr Jugendliche, wo sie entspannt zusammensitzen, miteinander reden und zusammen eine »Friedenspfeife« rauchen können. Besonders beliebt sind Fruchttabake mit Geschmack nach Erdbeere oder Apfel, Minze oder Rose, Cappuccino oder Coca-Cola. Selbst Jugendliche, die der Geruch nach »Aschenbecher« vom Zigarettenrauchen abschreckt, erwärmen sich für das Shisha-Rauchen.

Vielfach hört oder liest man, das Rauchen der Wasserpfeife sei nahezu unschädlich. Doch das ist nicht richtig – es gibt etliche Argumente, die dagegen sprechen:

▎ Wasserpfeife zu rauchen ist keine »sanfte« und harmlose Alternative zum Zigarettenrauchen – es werden auch genauso viel Teer und Nikotin eingeatmet, der Gehalt an Schwermetallen und vielen krebserregenden Substanzen ist sogar noch höher.

▎ Während eines Wasserpfeifen-Rituals inhaliert man 100- bis 200-mal so viel Rauch wie beim Rauchen einer einzelnen Zigarette.

▎ Durch die Wasserpfeife wird der Rauch kühler – und damit auch automatisch stärker inhaliert als beim Zigarettenrauchen. Das bedeutet, dass die schädlichen Stoffe noch tiefer in die Atemwege gelangen.

▎ Shisha-Rauchen hat ein vergleichbares Suchtrisiko wie Zigarettenrauchen; wird die Wasserpfeife häufig konsumiert, macht sie vermutlich sogar eher abhängig.

▎ Das Benutzen des gleichen Mundstücks und Schlauchs von verschiedenen Personen birgt das Risiko, sich mit Herpes, Hepatitis, Tuberkulose, Bakterien oder Pilzen anzustecken.

zer Städten Botellóns durchgeführt, je nach Wetterlage kamen einige Hundert bis einige Tausend. Als Hauptgrund für diese Feste werden von den Teilnehmern, allesamt Jugendliche und junge Erwachsene, die hohen Alkoholpreise in Kneipen und Bars genannt – bei einem Botellón bringt jeder seinen Alkohol flaschenweise selbst mit.

Ähnliche Phänomene finden sich auch in Deutschland, bislang allerdings selten in diesem Maßstab (Parkplatz-Partys). Aber das gemeinsame »Vorglühen« vor dem Besuch einer Kneipe oder Party aus Kostengründen ist auch hier durchaus an der Tagesordnung.

Eine andere Form des exzessiven Trinkens ist der Kisten- oder Kastenlauf. Andere Bezeichnungen sind Harassenlauf (v. a. in der Schweiz), Bierathlon oder Biermarathon. Dabei wird von einem Team, meist nur aus zwei Leuten bestehend, eine bestimmte Strecke zurückgelegt und dabei ein Kasten Bier geleert. Die Begrifflichkeiten »Team«, »Lauf«, »Marathon« etc. lassen an Sport denken und nicht an eine gefährliche Form exzessiven Trinkens.

Was an Binge-Drinking toll sein soll, was gefährlich ist

Fragt man Jugendliche, warum sie Binge-Drinking betreiben, gibt es eine große Gruppe, die sich aufregende Erlebnisse, Spaß und Sozialkontakte – und damit einhergehend sexuelle Erlebnisse – erhofft, eine zweite, die so Stress bewältigen und Spannung reduzieren will und negative Gefühle mit Alkohol behandelt. Über die vielen negativen Auswirkungen des immensen Alkoholkonsums wird erst mal nicht nachgedacht.

Gefahr akute Vergiftung und chronische Schäden. Neben einer Alkoholvergiftung mit Krankenhauseinlieferung unter oft dramatisch hohen Promillespiegeln, die selbst den Betroffenen erschrecken, sind weitreichende körperliche und soziale Schäden bei häufigerem starkem Binge-Drinking möglich.

Gefahr Verkehrsunfall. Das Risiko, in einen Verkehrsunfall verwickelt zu werden, steigt stark an, wenn man alkoholisiert Fahrrad mit oder ohne Helm oder Auto fährt oder aber bei einem alkoholisierten Fahrer im Auto mitfährt.

Gefahr Selbstmordgedanken. Die Kombination von Binge-Drinking mit einem Lebensereignis, das Jugendliche subjektiv in ihrer Phase des Erwachsenwerdens besonders belastet, erhöht das Risiko für einen Selbstmordversuch.

Gefahr ungewollter Sex. Sexuelle Handlungen treten früher und mit häufig wechselnden Partnern auf. Mädchen, die exzessiv trinken, haben ein dreifach erhöhtes Risiko, Opfer eines sexuellen Übergriffs zu werden. Ungewollte Schwangerschaften und Geschlechtskrankheiten treten eher auf.

Gefahr Abhängigkeit. Wiederholtes exzessives Trinken erhöht das Risiko deutlich, eine Abhängigkeit zu entwickeln – je früher mit dem Binge-Drinking begonnen wird, desto eher kann eine Abhängigkeit eintreten.

Trinken Jungen anders als Mädchen?

Grundsätzlich trinken deutlich mehr Jungen regelmäßig Alkohol, sie fangen tendenziell früher an, trinken mehr als Mädchen und neigen zum riskanten Binge-Drinking. Besonders 16- oder 17-jährige Jungen trinken ausgesprochen viel und zwar über 150 Gramm reinen Alkohol pro Woche, was fast 12 Gläsern Bier oder 3 Flaschen Wein entspricht. Der Durchschnittskonsum der gleichaltrigen Mädchen liegt bei einem Drittel dieses Wertes, ist also deutlich geringer.

ZAHLEN UND FAKTEN

Hätten Sie gewusst, dass ...?

▌ Haupt-, Berufsschüler und Gymnasiasten ähnlich viel Alkohol trinken
▌ der Sozialstatus keinen Unterschied in der konsumierten Alkoholmenge ausmacht
▌ Jugendliche mit Migrationshintergrund deutlich weniger trinken als deutsche Jugendliche
▌ Jugendliche in den neuen Bundesländern deutlich mehr trinken als die in den alten Bundesländern

Warum Jungen trinken

Rauchen und Trinken sind in unserer Gesellschaft Symbole für Männlichkeit. Wenn Jungen zu Männern werden, zeigen sie das häufig durch den Gebrauch dieser Genuss- und Suchtmittel. Sie fühlen sich erwachsen und stark (»man verträgt was«). In ihrer Peergroup, also der Gruppe von Gleichaltrigen, in der sie sich aufhalten und in der sie akzeptiert sein wollen, führt die Handhabung dieser Männlichkeitssymbole zu Akzeptanz, Bewunderung und Anerkennung, auch oder gerade beim anderen Geschlecht. So wundert es nicht, dass männliche Jugendliche gern in Cliquen, beim Sport, im Verein oder auf gesellschaftlichen Anlässen wie Partys Alkohol trinken – sie bevorzugen insgesamt Bier und Spirituosen.

Steigt der Pegel?

Warum Mädchen trinken

Mädchen hingegen trinken eher Sekt, Wein und Mixgetränke – sie mögen lieber die süßeren Alkoholmischungen. Bei Mädchen ist der Alkoholgenuss oft mit Ausgehen, Party und dem Treffen von Freundinnen/Freunden verbunden. Allerdings scheint sich die gesellschaftliche Erwartung an Frauen um einige Attribute zu erweitern: Neben einer weiblichen Ausstrahlung wird auch eine selbstbewusste und unabhängige Komponente wichtig – was sich auch in der Wahrnehmung von weiblichen Jugendlichen widerspiegelt. Während es vor einigen Jahren noch verpönt war, sich als Frau betrunken in der Öffentlichkeit zu zeigen, so findet dieses Verhalten heute zunehmende Akzeptanz. Allerdings wertschätzen Jungen betrunkene Mädchen nicht, sie finden sie nicht wirklich attraktiv.

Gefahr:
Wenn aus Gebrauch Missbrauch wird

INTERVIEW

Jugendliche kommen zu Wort

»Letzten Samstag ist einer meiner Kumpels mit einer Alkoholvergiftung ins Krankenhaus eingeliefert worden. War wohl nicht so gut, dass wir alles durcheinander getrunken haben. Der Ben hat zuerst alles vollgekotzt und ist dann später umgekippt. Haben erst gar nicht gewusst, was wir machen sollen.«

Jonas, 15 Jahre

»Alkohol trinken ist doch ganz normal. Nur weil ich am Wochenende mit meinen Mädels loszieh und ein paar Cocktails trink, bin ich doch nicht gleich eine Alkoholikerin. So 'nen Absturz hat doch jeder mal. Das kommt ja auch nur alle paar Wochen mal vor.«

Nina, 16 Jahre

»Wenn ich Alkohol trinke, geht's mir gut. Es ist nicht so langweilig und ich muss dann auch nicht so viel nachdenken. Sonst geht's immer nur um Schule, Ausbildung, Noten. Kann das nicht mehr hören.«

Tobias, 17 Jahre

Kritisch wird es immer, wenn in der Clique Ihres Kindes der Alkoholkonsum nicht hinterfragt wird, er selbstverständlich zum Leben dazugehört und/oder wenn die Menge und Frequenz des Trinkens ansteigt. Regelmäßiger und häufiger Konsum über einen längeren Zeitraum macht aus verantwortungsvollem Trinken einen riskanten Alkoholkonsum mit körperlichen, psychischen und sozialen Auffälligkeiten.

Missbrauch ist schwer zu erkennen

Erstes Anzeichen einer Änderung der Trinkgewohnheiten sind der Konsum von zunehmend mehr hochprozentigem Alkohol und/oder der Mischkonsum mit anderen Stoffen (anderen Drogen). Nicht nur die Menge der zugeführten Getränke steigt, sondern auch die Anzahl von Tagen in der Woche, an denen getrunken wird. Bedenklich sind auch gehäufte »Blackouts« oder »Filmrisse« – also wenn sich Ihr Kind nicht mehr an den Alkoholkonsum und die Zeitspanne danach erinnern kann. Diese Entwicklung zu verfolgen, wird Ihnen als Eltern nicht leicht gemacht: Ihr Kind wird Ihnen vermutlich nicht von seinem stärkeren Alkoholkonsum erzählen, sich von Ihrer elterlichen Fürsorge und Aufsicht abgrenzen und Aufenthalte außerhalb des Elternhauses vorziehen, um zu trinken.

Weitere Hinweise für Missbrauch sind, wenn das Gefühl, Spaß haben zu können, eng an den Alkoholkonsum geknüpft ist und wenn sich Ihr Kind zunehmend nur unter Alkoholeinfluss als kommunikativ und kontaktfreudig erlebt. Spaß als anfängliche Trinkmotivation wird durch das Trinken zur Entspannung und zum Abschalten abgelöst. Dabei dient es u. a. dazu, dem Stress mit Eltern, Schul- und Lernproblemen zu entfliehen.

Dieses Umdenken und diese andere, gefährlichere Motivation lassen sich vielleicht in einem offenen Gespräch aufdecken, wenn Ihr Kind bereit ist, Ihnen zu erklären, warum ihm das Trinken von Alkohol so wichtig ist.

Problembewusstsein entwickeln

Selbst wenn Ihnen oder anderen auffällt, dass Ihr Kind mit Alkohol offensichtlich nicht umgehen kann und Sie Ihr Kind darauf ansprechen, werden Sie möglicherweise Sprüche hören wie »Ich kann doch jederzeit aufhören«, »Andere machen das auch bzw. sind viel extremer drauf«. Dieses Abwiegeln kommt häufig vor, es sind typische erste Muster eines »Suchtdenkens«. Oft werfen Jugendliche ihren Eltern auch vor, dass sie überreagieren bzw. dramatisieren.

Steigt der Pegel?

Häufig entsteht erst nach einem extremen Ereignis, z. B. wenn die Polizei involviert war oder sich Ihr Kind im Krankenhaus wiederfindet, bei ihm das Gefühl »jetzt muss etwas passieren/sich etwas ändern«. Zwar fehlt zu diesem Zeitpunkt meist noch ein übergeordnetes Problembewusstsein, bei adäquater Begleitung durch Sie wird aber ein Reflektieren über die Situation in Gang gesetzt und das Trinkverhalten kann sich ändern. Sie als Eltern spielen bei diesem Schritt eine zentrale Rolle; bei Bedarf können Sie sich dafür auch professionelle/fachliche Unterstützung holen.

Geschieht allerdings zu diesem Zeitpunkt nichts und wird der riskante Umgang mit Alkohol beibehalten, kann sich – beim Vorliegen zusätzlicher Risikofaktoren – aus dem missbräuchlichen Trinken mittel- bis langfristig eine Abhängigkeit entwickeln. Der Alltag wird dann zunehmend dem Trinken und dem Befriedigen der Sucht untergeordnet.

Was Ihrem Kind hilft und schadet

Zu Ihrer Beruhigung: Nur bei einer Minderheit der Jugendlichen mit einem vorübergehend exzessiven Alkoholkonsummuster setzt sich dieser in späterem Alter fort; die meisten finden spätestens als Mittzwanziger zu einem moderaten Trinkverhalten.

sondern in dem auch Konflikte konstruktiv ausgetragen werden, in dem jedes Familienmitglied mit Aufmerksamkeit, Respekt und Liebe bedacht wird und in dem Sie als Eltern Grenzen setzen und durchsetzen.

Wie Sie helfen können

Ihre Rolle als Eltern ist sehr wichtig: Sie sind Vorbild, Wissensvermittler, Förderer der kindlichen Stärken. Schutzfaktoren, die Ihrem Kind helfen, mit Alkohol verantwortungsbewusst umzugehen, sind eine stabile Psyche und ein gesundes Selbstwertgefühl, ein Elternhaus, wo nicht nur ein risikoarmes Trinkverhalten praktiziert wird,

Was riskant ist

Fehlen diese Schutzfaktoren, ist Ihr Kind stärker gefährdet, einen Alkoholmissbrauch bzw. eine -abhängigkeit zu entwickeln. Weitere Risikofaktoren sind ein früher Konsumbeginn, ein niedriger sozioökonomischer Status, häufiges Binge-Drinking bzw. exzessives Trinken in der Clique, die leichte Beschaffbarkeit von Alkohol (z. B. durch eine größere Menge an verfügbarem

Taschengeld) oder wenn Trinken vorrangig als Bewältigungsstrategie für emotionale Probleme eingesetzt wird. Auch bestimmte Persönlichkeitsstrukturen, die mit erhöhter Impulsivität und Neugier gekoppelt sind und vorhandene Verhaltensauffälligkeiten z. B. infolge eines unbehandelten Aufmerksamkeitsdefizit-Hyperaktivitätssyndrom (ADHS) erhöhen das Risiko. Bewertet Ihr Kind die erwarteten Vorteile des Alkoholkonsums höher als dessen Gefahren, besteht ebenfalls ein größeres Risiko für missbräuchliches Trinken.

Ob es ein »Alkohol-Gen« gibt, darüber sind sich die Wissenschaftler nach wie vor uneins. Doch selbst wenn eine erbliche Veranlagung existiert, müssen vermutlich weitere Faktoren hinzukommen, damit ein missbräuchliches Verhalten entsteht. Allerdings ist die Verträglichkeit von Alkohol durchaus auch genetisch festgelegt, und Jugendliche, die mehr vertragen, neigen wiederum eher zu Alkoholproblemen im Erwachsenenalter.

Wissen Sie, wie Abhängigkeit entsteht?

Kein Abhängiger hatte vor, abhängig zu werden – es kommen immer mehrere Ursachen zusammen, damit aus Missbrauch wirklich eine Abhängigkeit entsteht. Warum es bei dem einen zu einer Abhängigkeit kommt, beim anderen jedoch nicht, ist nicht ganz geklärt. Allerdings scheinen verschiedene Faktoren eine Abhängigkeit zu begünstigen:

Das Suchtmittel: Die Attraktivität eines Suchtstoffes hängt eng mit seinen Wirkungen zusammen, die der Konsument als äußerst positiv erlebt. Alkohol hat bei mäßigem Genuss eine euphorisierende, angenehme Wirkung – das macht ihn so beliebt.

Die Umwelt: Die Einstellung des sozialen Umfelds zum Suchtmittelkonsum ist bedeutend. So werden Ihrem Kind in seiner Peergroup und zuhause in der Familie, in der Schule und am Arbeitsplatz Wertvorstellungen vermittelt, die auch den Umgang mit Alkohol betreffen. Bedenken Sie, dass das Trinken von Alkohol in unserer Gesellschaft durchaus akzeptiert ist – bei anderen Rausch- und Suchtmitteln gerät ein Konsument schneller mit dem Gesetz in Konflikt. Außerdem kann man Alkohol in Deutschland leicht erwerben: Alkohol ist einfach verfügbar.

Die individuelle Person: Jeder Mensch entwickelt in Kindheit und Jugend seine eigenen Problemlösungsstrategien und ist somit in Krisen besser oder schlechter gewappnet. Auch mangelndes Selbstbewusstsein und z. B. der zu frühe oder zu späte Eintritt in die Pubertät sind Faktoren, die einen Alkoholmissbrauch begünstigen können. Wie geht es Ihrem Kind in dieser Hinsicht?

Diese Faktoren werden oft als sich gegenseitig beeinflussendes Sucht-Dreieck dargestellt. Aus ihnen kann

sich bei ungünstiger Konstellation eine Abhängigkeit entwickeln.

Bedenken Sie bei einem missbräuchlichen Alkoholkonsum Ihres Kindes immer, dass das vermehrte Trinken von Alkohol als ein Symptom für etwas anderes, nämlich einen Konflikt oder als Anzeichen einer Entwicklungsproblematik, gesehen werden kann. Der Alkohol stellt dann häufig ein vermeintliches Hilfsmittel dar – es ist erst mal keine Sucht an sich.

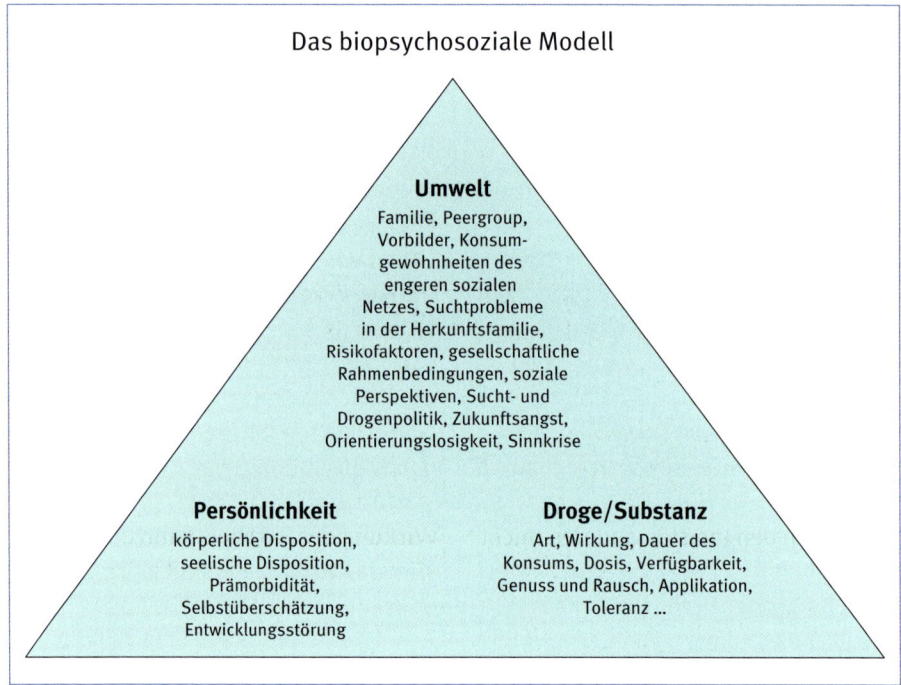

▲ Verschiedene Ursachen aus den Bereichen Suchtmittel, Umwelt und Persönlichkeit können die Entstehung einer Abhängigkeit begünstigen.

Warum Alkohol Jugendlichen so schadet

Jugendliche, die früh und häufig Alkohol trinken, sind gefährdeter, in eine Abhängigkeit zu geraten. Doch umgekehrt entwickelt nicht jeder Jugendliche, der vorübergehend viel trinkt, später eine Sucht. Deshalb gilt für Eltern: »Anzeichen erkennen, handeln, aber nicht überreagieren.«

Wissen Sie, was Alkohol eigentlich ist?

Alkohol ist seit Jahrtausenden in vielen Kulturen bekannt – als Nahrungs-, Genuss- und Rauschmittel. Er entsteht durch die Vergärung von Zucker aus unterschiedlichen Grundstoffen, so z. B. Trauben und anderes Obst, Getreide, Zuckerrohr, Mais oder Kartoffeln. Der durch den Gärungsprozess gewonnene Alkohol hat einen Gehalt von maximal 15 %; wird er anschließend destilliert, lässt sich der Alkoholgehalt erhöhen.

Alkohol als Bestandteil alkoholischer Getränke ist ein Suchtmittel, dessen Erwerb, Besitz und Handel in Deutschland wie in den meisten anderen (nicht islamischen) Ländern legal und nahezu unbegrenzt verfügbar ist. Gewisse Einschränken für die Abgabe und den Verzehr bestehen allerdings für Kinder und Jugendliche im Rahmen des Jugendschutzgesetzes.

Alkohol ist in unserem Kulturraum ein akzeptiertes Rauschmittel. Gleichzeitig ist es ein Stoffwechselgift, das viele Zellen und Gewebe in unserem Körper schädigt. Ob und ab welcher Menge das geschieht, ist bei jedem anders und hängt nicht nur von der Zufuhr, sondern u. a. vom Geschlecht, vom Gewicht, von der Aktivität der den alkoholabbauenden Enzyme und der Trinkgewöhnung ab. Die beeinträchtigende Wirkung des Alkohols kann durch weitere Substanzen wie Medikamente oder Cannabis verstärkt werden.

Wissen Sie, wie Alkohol wirkt?

Zunächst gelangt der Alkohol innerhalb kurzer Zeit v. a. aus dem Darm in den Körper und verteilt sich über das Blut in nahezu alle Gewebe. Das erklärt, dass er – als psychoaktive Substanz – nicht nur im Gehirn wirkt, sondern zahlreiche andere Körperfunktionen beeinflusst. Die höchste Alkoholkonzentration im Blut (angegeben in Promille) findet sich 45–75 Minuten nach der Aufnahme.

Der Abbau erfolgt mittels Enzymen, vor allem in der Leber. Zunächst wird Alkohol in Acetaldehyd umgewandelt, der giftiger ist als der Alkohol selbst; eine seiner Nebenwirkungen ist der »Kater«. Aus Acetaldehyd entstehen verschiedene Substanzen, die teilweise über den Urin, den Schweiß und den Atem ausgeschieden werden. Das erklärt den unangenehmen und typischen Mund- und Schweißgeruch.

Was passiert im Körper?

Alkohol und seine Abbauprodukte gelangen ungehindert ins Gehirn. Dort entfalten sie ihre durchaus auch erwünschten Wirkungen. Ähnlich wie ein Beruhigungsmittel beeinflusst Alkohol die Übertragungsvorgänge verschiedener Botensubstanzen (Neurotransmitter), wodurch bestimmte Stimmungen und Zustände verstärkt, andere unterdrückt werden. In kleineren Mengen wirkt Alkohol anregend, in größeren dämpfend. Aber: Was für den einen eine kleine anregende Menge ist, kann für den anderen bereits eine größere dämpfende Menge sein. Und: Die angenehme Wirkung wird immer erkauft durch eine folgende unangenehme Nachwirkung, ausgelöst durch die giftigen Stoffe des Alkohols und seiner Abbauprodukte. Diese kann bei geringem Konsum sehr mild, subjektiv kaum merkbar sein (z. B. verringerte geistige und körperliche Leitungsfähigkeit), sich aber bei fortgesetztem Konsum auch mit Vergiftungserscheinungen wie dem typischen Kater äußern.

Die psychischen Wirkungen des Alkohols werden oft auch als **Rausch** bezeichnet, wobei dieser Begriff im weiteren Sinn sowohl Zustände nach geringen Alkoholmengen (»Schwips«), über merkliche Beeinträchtigungen bis hin zum Vollrausch und – als stärkste Vergiftungserscheinung – das Koma umfasst. Oft ist mit Rausch auch ausschließlich der starke Alkoholrausch mit Kontrollverlust gemeint, so auch beim Begriff **Rauschtrinken**.

Was bei welcher Blutalkoholkonzentration passiert, ist individuell verschieden. Bei Erwachsenen liegt die lebensgefährliche Dosis jedoch bei etwa 3 Promille.

Wie viel Promille hat ...?

Wie viel von welchem Getränk zu welcher Alkoholkonzentration im Blut (BAK; angegeben als »Promille« = Alkoholmenge in Gramm pro Liter Blut) führt, ist nicht einfach zu beantworten. Dies hängt zum einen vom Alkoholgehalt des Getränkes, zum anderen von der Körpergröße, dem Gewicht und Geschlecht, von den Trinkgewohnheiten, aber auch von der Tagesform, dem Füllungsgrad des Magen-Darm-Trakts und anderen Faktoren ab. Und: Die Höhe des Promillewerts sagt nichts darüber aus, wie der Alkohol beim Einzelnen wirkt – so tanzt der eine bei 0,3 Promille auf dem Tisch, während der andere noch gar nichts spürt.

Alkoholgehalt von Getränken

Der Alkoholgehalt von Getränken wird in Volumen-Prozent angegeben – so hat Bier ca. 5 Vol%, Wein ca. 11 Vol% und Schnaps ca. 35 Vol%. Ein Volumenprozent entspricht 0,8 g Alkohol. Um das Ganze zu vereinfachen, rechnet man mit Standardeinheiten.

Eine Standardeinheit enthält etwa 12 g Alkohol und entspricht ungefähr:

- 1 Glas = 0,3 l Bier
- 1 Glas = 0,15 l Wein
- 1 Glas = 0,04 l Schnaps

Dies sind allerdings nur sehr ungenaue Näherungen – wer genauer wissen will, welches Getränk wie viel Alkohol enthält, wird z. B. fündig unter www.hls-online.org/alkoholgehalt.html.

Blutalkoholkonzentration

Eine vereinfachte Berechnung gelingt mit folgender Formel:

$$\frac{\text{getrunkener Alkohol in Gramm}}{\text{Körpergewicht in kg} \times 0{,}7}$$

([bei Männern] bzw. 0,6 [bei Frauen]).

Dieser Wert berücksichtigt allerdings nicht den Zeitpunkt der Alkoholaufnahme – streng genommen ist erst nach etwa einer Stunde der Alkohol ganz ins Blut gewandert, auf der anderen Seite baut die Leber kontinuierlich Alkohol ab. Als ganz grobe Faustregel gilt: Ein alkoholisches Getränk in der üblichen Trinkgröße entspricht etwas mehr als 0,3 Promille.

Wie schnell wird man wieder nüchtern?

Die Leber schafft es, pro Stunde 0,1–0,2 Promille abzubauen – diese Rate bleibt übrigens unbeeinflusst von körperlicher Bewegung, Kaffee, Wasser oder anderen Versuchen, den Alkoholgehalt im Blut zu vermindern. Also praktisch: Bei einem Glas Bier muss ein Jugendlicher etwa 2–3 Stunden warten, bis kein Alkohol mehr im Blut nachweisbar ist.

Dieser Wert wird selten erreicht; meist schläft man vorher ein oder erbricht einen Teil des Alkohols, bevor er ins Blut gelangt. Kinder und Jugendliche sind wesentlich empfindlicher – hier können auch geringere Konzentrationen zu einer lebensgefährlichen **Alkoholvergiftung** führen, die am ehesten beim Binge-Drinking erreicht werden.

Wenig Alkohol bewirkt ...

Entspannung. Alkohol wirkt – je nach Dosierung und Toleranz – hauptsächlich stimmungsaufhellend, angstlösend und beruhigend/entspannend. Das macht Alkohol ja auch so beliebt, denn wer möchte nicht fröhlich, ohne Sorgen und entspannt durchs Leben gehen?

Die dämpfenden Wirkungen beeinträchtigen v. a. die Bewegung und das Denken, was zu Koordinations- und Gleichgewichtsstörungen, Sprachstörungen (»lallende Sprache«), abnehmender Merkfähigkeit, Einschränkung des Hörens und Sehfeldes (»Tunnelblick«), Problemen bei der Einschätzung von Entfernungen und nachlassender Reaktion führt. Genug Gründe, warum niemand auch nach geringem Alkoholgenuss mehr aktiv am Straßenverkehr teilnehmen sollte.

Euphorie. Alkohol schüttet vermehrt die körpereigenen »Glücks- und Belohnungshormone« Endorphin und Do-

pamin aus, ein Grund dafür, dass sich das Wohlbefinden steigert. Übrigens wird vermutet, dass dies auch mit eine Ursache für die Rückfallgefahr Alkoholkranker ist.

Enthemmung. Die besondere Gefahr liegt darin, dass Alkohol auch zu Enthemmung, verminderter Kritikfähigkeit und steigender Risikobereitschaft führt. Ein Alkoholisierter nimmt seine verminderte Reaktionsfähigkeit meist nicht wahr, sondern fühlt sich ganz im Gegenteil zu allem bereit und besonders fit. Kein Wunder, dass bei den 15- bis 20-Jährigen ein Drittel aller Verkehrsunfälle (die bei Jugendlichen die Haupttodesursache sind), im Zusammenhang mit Alkohol stehen.

Mehr Alkohol bewirkt ...

Steigt die Konzentration des Alkohols im Blut, verstärkt bzw. ändert sich auch die Wirkung. Die eher gelöste, heitere Stimmung schlägt in Gereiztheit und Aggression um, Aufmerksamkeit und Wahrnehmung, Urteilsvermögen und die Koordination der Muskelbewegungen lassen immer mehr nach; es kann zu Halluzinationen und Lähmungen kommen. Grundlegende Körperfunktionen wie Atmung und Herzschlag verlangsamen sich. Der starke Rausch mit Kontrollverlust kann in ein Stadium mit vollständigem Bewusstseinsverlust (»Blackout«, Koma) bis hin zum Atemstillstand und Tod übergehen.

Was Alkohol speziell bei Jugendlichen macht

Alkoholkonsum beeinträchtigt den Körper von Jugendlichen prinzipiell mehr als den Erwachsener, da die Entwicklung der Organe noch nicht abgeschlossen ist und diese empfindlicher auf Gift reagieren. Das gilt insbesondere für das Gehirn – jeder Rausch zerstört Millionen von Gehirnzellen.

Bei Jugendlichen oft bedeutsam sind die kurz- und langfristigen (Neben-) Wirkungen von Alkohol auf die Psyche. Alkohol ist psychoaktiv, verändert also die Stimmungslage – zunächst ein gewünschter Effekt, aber in höheren Dosen oder auf Dauer mit negativen Folgen. Körperliche Schäden treten eher im Rahmen akuter Vergiftungen auf, während Langzeitschäden z. B. am Herz-, Kreislauf- oder Verdauungssystem bei jungen Menschen dagegen seltener vorkommen.

Alkohol wirkt bei Jugendlichen anders

Man nimmt an, dass das Gehirn von Jugendlichen besonders empfänglich ist für neuartige Stimuli und dass die Reizverarbeitung auf der Gefühlsebene besonders aktiv ist. Das könnte erklären, warum Kinder in der Pubertät plötzlich bei geringstem Anlass in die Luft gehen und häufig einer Berg- und Talfahrt ihrer Gefühle ausgesetzt sind.

Auf der anderen Seite scheinen Jugendliche auf die Wirkung von Alkohol zunächst langsamer und weniger zu reagieren als Erwachsene. Das führt dazu, dass erst größere Mengen Alkohol zu typischen Veränderungen wie Torkeln und Einschränkungen der Feinmotorik führen (dies dann aber oft schlagartig) und auch größere Mengen benötigt werden, um sich beschwipst zu fühlen. Das könnte erklären, warum das Binge-Drinking bei Jugendlichen so viel Zuspruch erfährt.

Trinken bis zum Umfallen – akute Auswirkungen

Nach der Zufuhr von größeren Mengen Alkohol, z. B. beim Binge-Drinking, droht Ihrem Kind zum einen eine Alkoholvergiftung. Neben den direkten körperlichen Folgen und lebensbedrohlichen Funktionsbeeinträchtigungen kann es auch zum Einatmen von Erbrochenem und zur Unterkühlung kommen.

Zum anderen besteht eine starke Gefahr, dass psychische Auswirkungen folgen: (Verkehrs-)Unfälle wegen Überschätzung, aggressive Handlungen und Gewalttaten (sowohl als Opfer als auch als Täter) sowie Selbstmorde wegen einer akuten Sinnkrise. Unter Alkoholeinfluss finden vermehrt ungeschützte und ungewollte sexuelle Handlungen statt – mit allen Konsequenzen wie der Ansteckung mit sexuell übertragbaren Krankheiten und unerwünschten Schwangerschaften.

ZAHLEN UND FAKTEN

Hätten Sie gewusst, dass ...?

in Deutschland immer mehr Kinder und Jugendliche aufgrund akuten Alkoholmissbrauchs stationär im Krankenhaus behandelt werden:

- im Jahr 2000 noch 9 500
- im Jahr 2005 bereits 19 400
- im Jahr 2007 dann 23 200
- davon fast jeder Vierte zwischen 10 und 15 Jahren alt war

Und auf Dauer? – Langzeitwirkungen

Folgen von riskantem Alkoholkonsum bzw. Alkoholmissbrauch finden sich auf allen Ebenen – die Psyche und Persönlichkeit verändern sich, die soziale Handlungsfähigkeit leidet, die Hirnleistung lässt nach und auch die anderen Organe nehmen Schaden, allen voran die Leber.

Daneben zeigen Jugendliche bei regelmäßigem Konsum weniger Entzugserscheinungen als Erwachsene, was eine Abhängigkeit fördert: »Was ich nicht merke, kann ja (noch) nicht so schlimm sein«.

Folgen für Gehirn, Psyche und soziale Kontakte

In der Pubertät finden bei Ihrem Kind nicht nur die körperlichen Veränderungen statt, auch das Zentralnervensystem durchläuft während dieser Zeit zahlreiche Umstrukturierungs- und Reifungsprozesse. Alkohol greift wie andere Gifte in diese massiv ein. Anders als bei Erwachsenen werden nicht nur Zellen der Hirnsubstanz zerstört, sondern die Hirnentwicklung wird gar nicht erst erfolgreich abgeschlossen – statt einer (Daten-)Autobahn wird nur eine Bundesstraße angelegt.

Fortgesetzter Alkoholmissbrauch fördert Konzentrationsstörungen und Einschränkung der Gedächtnisleistungen, Schulprobleme, Schwierigkeiten im sozialen Umgang sowie eine erniedrigte Hemmschwelle und erhöhte Risikobereitschaft bei sexuellen Kontakten. Psychische Beeinträchtigungen äußern sich als Stimmungsschwankungen, Gereiztheit, Aggressivität, aber auch Angstzustände und Depressionen; das Risiko für Selbstmord steigt.

Bei frühem und regelmäßigem Trinken lernt Ihr Kind nicht, Entwicklungsaufgaben »nüchtern« zu bewältigen. Das frühe künstliche Regulieren der emotionalen Befindlichkeit durch eine berauschende Substanz verhindert, dass Ihr Kind auch andere Möglichkeiten lernt, seine Gefühle anders zu beeinflussen.

Ein Experte kommt zu Wort

Prof. Dr. Rainer Thomasius ist ärztlicher Leiter des Deutschen Zentrums für Suchtfragen des Kindes- und Jugendalters. Dort wird viel zu den Auswirkungen von Alkohol und andere Drogen auf die kindliche Entwicklung geforscht.

Übermäßiger Alkoholkonsum im Jugendalter verringert das Volumen in manchen Gehirnbereichen – je mehr Alkohol getrunken wird, desto deutlicher ist der Schwund. Woher wir das wissen? Moderne Untersuchungsmethoden wie die Magnetresonanztomografie (MRI) und die Positronenemissionstomografie (PET) erlauben uns eine detaillierte Darstellung des Hirngewebes, und zwar nicht nur als starre Aufnahme wie bei einem Foto, sondern auch in Funktion wie bei einem Video. So konnten wir und andere Forschungsgruppen z. B. zeigen, dass sich beim Binge-Trinken die Hirnsubstanz, vor allem im Bereich der Hirnrinde, zurückbildet oder dass beim Drogenkonsum das Belohnungszentrum aktiviert wird.

Je jünger, desto gefährlicher

In der Pubertät reifen manche Gehirnregionen besonders stark, gekennzeichnet durch verschiedene Ab- und Aufbauprozesse von Nervenzellen und Botenstoffen. Besonders betroffen sind Areale, die eng mit der Motivation oder mit Verhaltensweisen wie Impulsivität zusammenhängen, sowie das so genannte Suchtgedächtnis (Wohlbefindlichkeitssystem), das bei der Abhängigkeitsentwicklung eine wichtige Rolle spielt: Es ordnet die Reize, die durch Alkohol (und andere Substanzen) vermittelt werden und gleicht sie mit bekannten Reizmustern in anderen Hirnregionen ab. Es ist beteiligt bei der Planung und Umsetzung von Handlungen, die mit dem Substanzkonsum zusammenhängen: Es schaltet sich schon beim Erinnern an bereits erlebte Räusche, Rituale (z. B. das Einkaufen des Alkohols) oder sogar Gerüche ein und schürt bereits die Vorfreude; im Anschluss sorgt es dafür, dass die Rauschwirkung der Substanzen auch noch geraume Zeit nach ihrer Einnahme anhält und beeinflusst damit auch die Toleranzentwicklung.

Je jünger die Konsumenten sind, desto ausgeprägter sind damit auch die krankmachenden Auswirkungen psychoaktiver Substanzen – schließlich ist das Gehirn in der Pubertät besonders empfindlich und die Hirnreifung erst im jungen Erwachsenenalter abgeschlossen. Das gilt für Alkohol genauso wie für Cannabis und andere Drogen.

INTERVIEW

Folgen für die anderen Organe

Da Alkohol in nahezu alle Zellen und Gewebe in unserem Körper gelangt, sind die möglichen gesundheitlichen Probleme vielfältig. Allgemeines Unwohlsein, Schwindel, Kopfschmerzen und eingeschränkte körperliche Leistungsfähigkeit sind auch bei Jugendlichen recht häufig; andere körperliche Folgen treten häufig erst im Erwachsenenalter auf.

Erhöhtes Brustkrebsrisiko. Je früher junge Mädchen Alkohol trinken, desto höher ist die Konzentration bestimmter Hormone – der Östradiole – im Blut, was wiederum zu einem erhöhten Risiko für Brustkrebs führt.

Hormone im Ungleichgewicht. Insbesondere die Produktion und Ausschüttung der Wachstums- und Geschlechtshormone wird gestört, was sich auf die Entwicklung von Muskulatur, Knochen und Reproduktionsorgane ungünstig auswirkt.

Häufiger Krebs in Rachen und Verdauungstrakt. Zigarettenkonsum und schlechte Mundhygiene führen zu einer Besiedlung des Mundes mit bestimmten Bakterien, die den Alkohol bereits dort in Acetaldehyd umbauen. Dies führt bei chronischer Alkoholzufuhr zu einer stark vermehrten Konzentration dieses giftigen Stoffwechselprodukts im Speichel und langfristig zu einem stark erhöhtem Risiko für Krebs im Rachen und oberen Verdauungstrakt.

Das Herz-Kreislauf-System leidet. Alkohol steigert den Blutdruck und erhöht die Wahrscheinlichkeit für das Auftreten von Herzrhythmusstörungen, Arterienverkalkung und Infarkten.

Leberschaden und Durchfälle. Chronischer Alkoholkonsum kann zu Durchfällen führen. Er belastet die Leber und kann eine eingeschränkte Leberfunktion zur Folge haben. Fettleber, Leberzirrhose und Leberkrebs sind typische Langzeitfolgen.

Allergien nehmen zu. Es wird diskutiert, dass Alkohol und die Zusatzstoffe in den verschiedenen alkoholischen Getränken Allergien auslösen oder verstärken können.

Schäden an ungeborenen Kindern. Von Schwangeren getrunkener Alkohol (auch kleine Mengen) kann das Ungeborene schädigen; bei Männern wird durch längeren Alkoholmissbrauch die Erbinformation in den Spermien geschädigt. In beiden Fällen wirkt sich das negativ auf die geistigen Fähigkeiten der Kinder aus.

Handeln statt wegsehen

Körperliche und psychische Beeinträchtigungen durch Alkohol können lebenslang bestehen bleiben; je jünger die betroffenen Kinder sind, desto schwerwiegender sind die Folgen. Deshalb: Schauen Sie genau hin und steuern Sie gegen!

In der Kindheit und im Jugendalter werden die Grundlagen für das spätere Leben gelegt. Um Folgeschäden und Abhängigkeiten zu vermeiden, ist deshalb vorbeugendes Handeln wichtig. Bedeutend für Sie als Eltern sind besonders die folgenden Aspekte:

Spät anfangen: Das Alter des Erstkonsums von Alkohol beeinflusst das zukünftige Trinkverhalten: Je früher das erste Trinken stattfindet, desto höher ist das Risiko, im späteren Leben viel Alkohol zu trinken und alkoholabhängig zu werden. Verzichten Sie darauf, Ihrem Kind einen Probeschluck zu geben; selbst bei Feierlichkeiten und besonderen Anlässen.

Vorbild sein: Ihr Kind lernt von Ihnen. Leben Sie ihm einen verantwortungsvollen Umgang mit Genussmitteln vor, zeigen Sie ihm, dass man auch ohne regelmäßigen Alkoholkonsum Spaß und einen liebevollen Umgang haben kann.

Grenzen ziehen: Zeigen Sie Ihrem Kind frühzeitig Grenzen auf, lassen Sie nicht alles durchgehen und seien Sie transparent und konsequent – beim Setzen von Regeln und beim Umsetzen der Konsequenzen, wenn diese nicht befolgt werden.

Hinschauen: Wenden Sie sich Ihrem Kind zu, registrieren Sie, wann und wie viel es trinkt. Prüfen Sie, ob es sich noch um harmlosen Konsum handelt oder dieser schon kritisch verläuft. Sprechen Sie das Thema an.

5 starke Argumente für Alkoholkonsum mit Köpfchen

Im Gespräch mit Ihrem Kind helfen Ihnen die folgenden Argumente. Sie können Ihrem Kind aufzeigen, warum es sinnvoll ist, mit Alkohol verantwortungsbewusst umzugehen.

Alkohol macht dick

Alkohol und die Idealfigur mögen sich nicht: Jedes Gramm Alkohol enthält 7 Kilokalorien, fast doppelt so viel wie ein Gramm Zucker. Oder anders ausgedrückt: Ein Glas Bier enthält etwa 110 Kilokalorien (das entspricht 1 Stückchen Würfelzucker), ein Glas Wein schlägt mit 80 bis 100 Kilokalorien und ein Glas Schnaps mit 70 Kilokalorien zu Buche. Überschüssige Kalorien werden im Körper als Fett eingelagert, dessen Abbau durch den Alkohol zusätzlich gehemmt wird; die Folge: Speck am Bauch, an den Oberschenkeln und Hüften. Besonders gemein: Alkohol macht hungrig – und die dann oft gegessene Extraportion Pommes oder Hamburger auch nicht gerade schlanker. Übrigens: Die oft gepriesenen, im Bier und Wein enthaltenen Vitamine verflüchtigen sich nach der Gärung in kurzer Zeit.

Alkohol macht dumm

Alkohol schmälert die Gehirnleistung – nicht nur im akuten Rausch, sondern auch bei ständigem Trinken. 4–5 Jahre Dauerbesäufnisse an den Wochenenden oder täglich 3 Gläser Alkohol können bei Erwachsenen zum Schrumpfen der Hirnmasse führen – hohl im Kopf, statt besonders fit. Die Werte für Jugendliche liegen sicherlich weit darunter.

Alkohol macht krank

Der Körper muss ganz schön schuften, um die Giftstoffe des Alkohols von den Zellen fern zu halten – besonders die Leber ist im Dauerstress. Erst verfettet sie, auf Dauer macht sie schlapp. Zudem schädigt der Alkohol andere Organe wie Gehirn, Herz und Blutgefäße oder verursacht Krebs.

Alkohol macht unfit

Alkohol erweitert die Blutgefäße. Dadurch muss das Herz mehr pumpen und die Muskeln erhalten – besonders bei körperlicher Arbeit – nicht mehr ausreichend Sauerstoff. Daneben werden Pulsschlag und Atmung hochgefahren, mit der Kondition geht es damit abwärts. Außerdem verringert Alkohol die Konzentration und Koordination, senkt das Schmerzempfinden und erhöht die Risikobereitschaft – eine gefährliche Kombination, die die Verletzungsgefahr beim Sport stark erhöht. Alkohol verbraucht Zucker und entzieht so den Muskeln ihren Brennstoff. Er beeinflusst den Wasser- und Salzhaushalt, sodass es nach dem Sport eher zu einer Austrocknung kommt. Und er wird von der Leber statt der bei Bewegung anfallenden Milchsäure abgebaut, wodurch Muskelkater vorprogrammiert ist. Nicht zuletzt neigt der Körper nach dem Sport eher zur Unterkühlung.

Alkohol macht unsexy

Alkohol verringert den Testosteronspiegel beim Mann – das Aus für Erektion und Orgasmus; bei langjährigem Alkoholkonsum auch dauerhaft. Alkohol verringert auch das Urteilsvermögen: Man landet dann schon mal mit jemandem im Bett, an den man sich am anderen Morgen lieber nicht erinnern will (oder kann). Und hatte dann vielleicht ungeschützten Sex und mit einer sexuell übertragenen Erkrankung auch noch ein Souvenir, von dem man unter Umständen jahrelang noch etwas hat. Nicht zu vergessen: Alkohol in der Schwangerschaft schädigt das Ungeborene.

Was Jugendliche beeinflusst

INTERVIEW

Jugendliche kommen zu Wort

»Letzte Woche war ich mit ein paar Freunden im Fußballstadion. Wir haben schon auf dem Hinweg ein paar Bier zum Vorglühen getrunken … Und beim Spiel natürlich auch: Da ist dann erst so richtig gute Stimmung, das gehört einfach mit dazu. Außerdem wird da ja auch von den Sponsoren gut Werbung gemacht. Klar haben wir nach dem Spiel weiter getrunken – unsere Mannschaft hat ja auch gewonnen, da muss man feiern. Und wenn nicht, dann trinkt man halt, um die Niederlage einzustecken.«

Patrick, 17 Jahre

»Auf der letzten Party hatten wir Wodka und andere harte Sachen da. Die Eltern von meinem Bekannten haben ihm extra zum 18. ein paar Flaschen hingestellt. Die Jungs haben zwar erst hauptsächlich Bier getrunken, aber das schmeckt mir und den anderen Mädchen nicht. Dann lieber Cocktails – die sind süß und da merkt man den Alkohol nicht so. Sieht sowieso komisch aus, wenn eine Frau mit einer Flasche Bier rumsteht. Ein paar Ältere haben später noch »Ficken« mitgebracht – das ist jetzt voll das Modegetränk.«

Lena, 16 Jahre

Gesellschaftsfähig?

Alkohol ist in unserer Gesellschaft allgegenwärtig. Deutschland liegt beim Alkoholkonsum im internationalen Vergleich seit Jahren im oberen Drittel – jeder Einwohner konsumiert pro Jahr durchschnittlich 10 Liter reinen Alkohols. Das entspricht etwa 200 Litern Bier oder 90 Litern Wein.

Alkohol ist damit aber nicht nur ein Genussmittel, sondern auch ein wichtiger Wirtschaftsfaktor. Jahr für Jahr generiert die deutsche Spirituosenindustrie einen Umsatz von 12–16 Milliarden Euro – das entspricht einem halben Prozent des Bruttoinlandsprodukts. Dazu kommen die angrenzenden Industrie-, Gastronomie- und Handelszweige. In der Alkoholindustrie sind etwa 70 000–85 000 Menschen beschäftigt, in Europa gehört sie zu den größten Industriezweigen.

Wie die Großen, so die Kleinen

Wer fällt auf Feiern eher auf? – Derjenige, der ein, zwei Gläser zu viel trinkt oder derjenige, der sich den ganzen Abend mit Wasser begnügt? Meist wird es bei uns nicht als ungewöhnlich empfunden, wenn jemand einen über den Durst getrunken hat, als seltsam wird dagegen derjenige wahrgenommen, der einfach nur nichts trinkt. Wird er darauf angesprochen, liefert er meist Erklärungen wie Autofahren, Schwangerschaft, Medikamente – einfach nur »ich trinke keinen Alkohol« hört man selten.

Riskantes Trinkverhalten ist kein Merkmal der Jugend, sondern häufiger Teil unserer Trinkkultur. Das bringt uns Eltern schnell in einen Erklärungsnotstand, wenn wir unserem Kind begreiflich machen wollen, warum es besser nicht so viel Alkohol trinken soll.

Erlaubt ist, was lustig macht

In unserem Kulturraum ist der Alkoholkonsum nicht nur erlaubt, sondern besitzt im Alltag bis zu einem gewissen Grad eine hohe gesellschaftliche Akzeptanz. Getrunken wird nicht nur zum Essen, sondern auch bei vielen festlichen Gelegenheiten und sonstigen Anlässen. Selbst kleinere Räusche sind ab und zu erlaubt, oft wird damit sogar geprahlt, statt sie beschämt zu verschweigen – »Da hab ich ja mal wieder ganz schön einen gehoben«.

Alkohol zu trinken, wird mit Spaß gleichgesetzt, mit Geselligkeit und guter Laune. Nicht umsonst schunkeln Jahr für Jahr Tausende von Narren und Jecken bei Faschingsklängen und Bier Arm in Arm. Und auch nicht von ungefähr hat sich das deutsche Oktoberfest als eines der größten Volksfeste (und Trinkgelage) weltweit etabliert. Zwar wird über die »Alkoholleichen« missbilligend der Kopf geschüttelt, aber extra Urlaub genommen, um beim Biermaß-Stemmen dabei zu sein. Man tuschelt über den Kollegen mit der ständigen Alkoholfahne, stößt aber bereitwillig mit einem Gläschen Sekt auf den Geburtstag der Kollegin an.

In anderen Ländern sieht das anders aus: Hinsichtlich des Alkoholkonsums unterscheidet man Abstinenzkulturen wie in islamischen Ländern, in denen aus religiösen oder kulturellen Gründen kein Alkohol getrunken wird, von Trinkkulturen wie Spanien, Frankreich oder Italien. Hier trinkt die Mehrheit der Bevölkerung täglich Alkohol, aber unter Einhaltung klarer Regeln: Niemand würde auf die Idee kommen, einen betrunkenen Jugendlichen für seine Mannhaftigkeit zu loben – ein schlimmstenfalls öffentlicher Rausch gilt als peinlicher Zustand.

Gesellschaftsfähig?

Gestattet und akzeptiert

Die Experten haben für eine Trinkkultur, wie sie in unserer Gesellschaft üblich ist, auch einen Fachbegriff geprägt – die permissiv-funktionsgestörte Kultur. Sie ist dadurch gekennzeichnet, dass der Konsum im Alltag sowie Trunkenheit und Rauschtrinken zu bestimmten Anlässen erlaubt sind.

Das zeigt sich übrigens auch daran, dass Alkoholika

- überall verfügbar sind (in Lebensmittelgeschäften, am Kiosk, in der Gastwirtschaft),
- ständig verfügbar sind (Tankstellen),
- leicht erhältlich – auch für Jugendliche – sind (auf Festen, in Vereinen),
- relativ kostengünstig verfügbar sind.

Damit ist das Erlernen eines risikoarmen Umgangs mit Alkohol für Jugendliche keine leichte Aufgabe, insbesondere da die Grenzen zwischen normalem und missbräuchlichem Konsum schnell verschwimmen.

Schneller, höher, weiter

Vielfalt. Unser Leben ist insgesamt spannender und vielseitiger geworden. Uns und unseren Kindern stehen zahlreiche Möglichkeiten und Freiheiten zur Verfügung, das eigene Leben zu gestalten. Wir können fast zu jedem Punkt der Erde reisen, uns zu jedem Thema Informationen im Internet besorgen, uns aber auch die gesamte Welt von unserem Fernsehsessel aus erobern.

Beschleunigung. Gleichzeitig ist unser Alltag schneller geworden: Online-Nachrichten im Minutentakt, Last-Minute-Buchungen, Glückwunschkarten per E-Mail, technische Geräte und Trends, die schon wieder veraltet sind, wenn sie den Massenmarkt erreicht haben.

Extreme. Unsere Zeit ist von Extremen geprägt: Unendliche Kommunikationsmöglichkeiten auf der einen, soziale Vereinsamung auf der anderen Seite. Extrem Reiche und – auch in Deutschland – immer mehr Menschen, die unter der Armutsgrenze leben. Schlankheitswahn und Übergewicht, Schönheits- und Gesundheitskult, aber auch Drogen und Süchte. Wir suchen ständig nach dem Superstar – beim Singen, beim Abnehmen, beim Ekeln. Und uns wird das Gefühl vermittelt, dass jeder ein Held sein kann (oder sogar muss).

Unser Dasein heute erfordert eine ganze Menge Selbstverantwortung. Und dazu ein gerütteltes Maß an Selbstvertrauen – schließlich muss sich die eigene Wirklichkeit ständig an den Medienbildern messen lassen. Nicht verwunderlich also, dass ein »normales« Leben nicht sonderlich attraktiv ist und es unter Alkoholeinfluss vielleicht etwas weniger schal schmeckt.

Sich fühlen – sich zeigen

Kennen Sie das vielleicht auch? Da sitzt man in der Kneipe, trinkt ein, zwei Gläschen und unterhält sich angeregt mit dem Fremden an der Theke. Über Themen, die man sonst noch nicht mal ohne Weiteres mit dem Partner oder der besten Freundin bespricht, über Gefühle, Ängste, Intimes. Man fühlt sich großartig dabei, locker, wichtig und gefragt. Alkohol öffnet den Mund, vermittelt das intensive Gefühl, einen Zugang zu sich und anderen zu bekommen. Das möchte man gern häufiger erleben. Und damit ist es nicht weit bis dahin, dass Alkohol selbstverständlich zur Freizeit und zum Feiern dazu gehört.

Vielleicht können Sie verstehen, dass Ihr Kind genauso handelt – mit Alkohol nicht nur Neues ausprobiert, sondern ihn auch benutzt, um sich gerade in der schwierigen Zeit der Pubertät sicherer zu fühlen und aufzutreten.

ZAHLEN UND FAKTEN

Hätten Sie gewusst, dass ...?

- Alkohol nach Nikotinkonsum und Bluthochdruck das dritthöchste Risiko für Krankheit und vorzeitigen Tod in Europa ist und die Lebenserwartung bei Personen mit chronischem Alkoholmissbrauch sich um über 20 Jahre verkürzt
- in Deutschland schätzungsweise 160 000 Kinder, Jugendliche und junge Erwachsene von Alkoholmissbrauch und Alkoholabhängigkeit betroffen sind
- in der Altersgruppe der 15- bis 29-Jährigen etwa jeder zehnte Todesfall zu Lasten von Alkohol geht (z. B. durch körperliche Folgen des Missbrauchs oder durch alkoholbedingte Verkehrsunfälle)
- fast jedes dritte Gewaltdelikt unter Alkoholeinfluss begangen wird
- nahezu alle 15- bis 16-jährigen Schüler schon einmal Alkohol getrunken haben und jeder vierte 18-Jährige dies sogar regelmäßig tut

Das wahre Leben? – Kunden im Visier

Für alkoholische Produkte stehen in Deutschland riesige Werbeetats bereit. Ein großer Teil der jährlich dafür direkt ausgegebenen halben Milliarde Euro flimmert als Bierwerbung über den Fernsehbildschirm, immerhin ein Drittel wird für Werbung in gedruckter Form investiert und knapp jeder zehnte

Euro wandert in Radiowerbung. In der Schweiz gibt die Spirituosenindustrie insgesamt mehr Geld für Werbung aus als z. B. der drittgrößte Werbeauftraggeber Nestlé.

Sportfreunde? Neben Werbespots in Fernsehen, Kino und Radio, Plakatkampagnen und Zeitungsanzeigen kommt auch eine weniger offensichtliche Werbestrategie zum Zug: das Sponsoring. So werden z. B. Sportvereine oder -veranstaltungen mit Geldern unterstützt und im Gegenzug dürfen Werbebotschaften platziert werden. Damit werden mit dem Sport assoziierte Aspekte wie Gemeinschaftsgefühl, Kameradschaft oder gemeinsames Gewinnen und Feiern auch mit Alkoholkonsum in Verbindung gebracht. Zudem kann die Alkoholindustrie, wenn sie sich gegen gesetzliche Einschränkungen mit möglichen finanziellen Einbußen wehrt, auch immer das Argument aus der Tasche ziehen, dass sie sich bei Umsatzeinbrüchen nicht mehr die Förderung von Sportvereinen leisten kann.

Moderne Wege. In den letzten Jahren setzen sich zudem auch neuere Werbemaßnahmen wie Chatrooms und Spiele im Internet oder Veranstaltungsinformationen per SMS über das Handy durch, die besonders gut jüngere Zielgruppen ansprechen.

Umwerben ...
Werbung ist allgegenwärtig, es gibt kaum eine Möglichkeit, sich den Kauf-mich-Missionen zu entziehen. Unsere Kinder wachsen mit den erfinderischer Marketingabteilungen entsprungenen Reizen auf – und sind besonders empfänglich für die Werbebotschaften mit ihren bunten Farben, schnellen Bewegungen und witzigen Aussagen. Als Eltern vermögen Sie da nur bedingt gegensteuern, schließlich können Sie Ihr Kind nicht ständig von der Umwelt abschirmen. Da hilft nur, ihm vorzuleben, dass Sie selbst sich nicht von der Werbung manipulieren lassen und ihm beizubringen, wie es Werbebotschaften kritisch hinterfragen kann.

Kaufkraft – kein Kinderkram
In den letzten Jahren konzentriert sich die Industrie (nicht nur beim Alkohol) immer mehr auf Kinder und Jugendliche: Sie haben eine enorme Kaufkraft – man schätzt, dass die 14- bis 19-Jährigen etwa 20 Mrd. Euro unter die Leute bringen können. Obendrein sind sie experimentierfreudiger und eine Investition in die Zukunft – je früher sich ein Kunde einer Marke verbunden fühlt, desto eher wird er ihr vermutlich treu bleiben. Und was liegt bei einem heiß umkämpften und gesättigten Markt näher, als sich den Kundennachwuchs von Kindesbeinen an heranzuziehen?

Schöne neue Welt

Werbung versucht, ein positives Bild eines Produktes zu schaffen und das Ansehen desjenigen zu steigern, der dieses besitzt. Letztlich hat sie kein anderes Ziel, als dem Konsumenten Geld aus der Tasche zu ziehen, um die Umsätze des Produzenten zu steigern. Dazu bedient sie sich einem Gefolge, unter anderem von Marktforschern, Werbepsychologen und Designern und einem bunten Strauß an Strategien, um ihr Ziel zu erreichen.

So wird Alkoholkonsum mit ausschließlich positiven Bildern – Spaß, Freunde, Party, Abenteuer – besetzt; als Werbeträger werden attraktive, erfolgreiche, coole junge Männer und Frauen mit Vorbildfunktion eingesetzt. Lockere, lustige junge Menschen unternehmen Spannendes an tollen Orten, z.B. schönen Stränden oder auf Segelschiffen, und unterhalten sich dabei blendend – Alkoholwerbung vermittelt ein besonderes Lebensgefühl und ein positives Image des Alkoholtrinkens, verstärkt so die vorhandenen positiven Assoziationen und verharmlost dadurch die möglichen Risiken. Letztlich entsteht damit in den Köpfen ein verzerrtes Bild der Realität, das sich wiederum in der Gesellschaft nach und nach als normal durchsetzt.

Besonders gewieft: Fernsehwerbung wird oftmals genau an die Zielgruppe der jeweiligen Sendung angepasst. Schauen überwiegend junge Mädchen zu, werden eher Alkopops, Sekt oder Liköre beworben, Sendungen für »harte Männer« werden eher mit Werbung für Bier oder Hochprozentiges bestückt.

... und verführen

Kuchenstücke

Die Werbewirtschaft propagiert, dass der Einfluss der Werbung auf den Gesamtkonsum von Alkohol eher gering ist und Werbung nur dazu dient, Marktanteile zu erhalten oder anderen zu entreißen. Die Größe des Kuchens »Alkoholkäufer« sei damit also unabhängig von der Werbung, die Anzahl und Größe der einzelnen Stücke dagegen, durch sie zu beeinflussen. Oder anders gesagt: Der Konsument wird nicht davon überzeugt, überhaupt Bier zu kaufen, sondern ein überzeugter Bierkäufer davon, Bier der Marke X statt der Marke U zu erwerben.

Kuchengröße

Dagegen haben in den letzten zwanzig Jahren zahlreiche Studien weltweit gezeigt, dass Werbung auch den Umfang des Konsums beeinflusst. So wird das Trinkverhalten bei Jugendlichen (genauso wie z.B. das Rauchverhalten) durch Werbung verstärkt – und zwar unabhängig davon, ob andere Einflüsse wie psychische Befindlichkeiten oder der Alkoholkonsum von Eltern oder der

Gesellschaftsfähig?

Clique vorlagen. Daneben veränderte sich die Einschätzung der Risiken, die mit Alkoholkonsum verbunden sind – Jugendliche, die viel Werbung ausgesetzt sind, schätzen Alkohol positiver und weniger gefährlich ein.

Alkopops statt Softdrinks

Besonders gut zeigte sich der Zusammenhang bei Alkopops, die in Deutschland im Jahr 2002 in der Gastronomie und 2003 im Lebensmittelhandel eingeführt worden sind. Alkopops sind fertige, niedrigprozentige (ca. 5,5–6 Vol%) Spirituosen-Mixgetränke, die von der Industrie auch als Ready-To-Drink (RTD) bezeichnet werden. Sie zeichnen sich durch neue, frisch-fruchtige Geschmacksnoten, starke Süße und trendige Verpackungen aus. Typisch ist, dass der scharfe Eigengeschmack des Alkohols abgedeckt wird.

Eine ideale Mischung für jüngere Konsumenten also: ein Produkt, das gut schmeckt (auch Jüngeren und Mädchen, denen der Alkoholgeschmack sonst gar nicht zusagt), das gleichzeitig noch angesagt ist und das die Eltern in der Regel nicht trinken! Dieser Schwung wurde von der Werbung gut ausgenutzt, um Marktanteile auszubauen – schon im ersten Jahr machten die Alkopops 10 % der verkauften Alkoholika aus. Und im Jahr darauf zeigte, nach jahrelangem Abwärtstrend, die

Konsumentenkurve wieder nach oben. Besonders das Rauschtrinken nahm zu – jeder, der schon mal auf einer Cocktailparty oder auf einem Bowlefest war, kann sich vorstellen, wieso: Der süße Geschmack lädt zum Nachfassen ein und versteckt seinen hochprozentigen Inhalt.

Übrigens: Seit Einführung der Sondersteuer für Alkopops im Jahr 2004 ist deren Konsum merklich zurückgegangen. Dafür haben Bierkonsumenten diese Marktlücke jetzt für sich entdeckt und bringen zahlreiche günstige Biermischgetränke auf den Markt.

ZAHLEN UND FAKTEN

Hätten Sie gewusst, dass ...?

- in Deutschland jedes Jahr über 500 Millionen Euro für Alkoholwerbung ausgegeben werden
- die Alkoholbranche jährlich 600 Millionen Euro für Sponsoring ausgibt
- dem Bundesministerium für Gesundheit für Aufklärungsmaßnahmen bzgl. Drogen- und Suchtmittelgebrauchs im Jahr 2006 6,7 Millionen Euro zur Verfügung standen
- mit Alkohol jährlich über 3 Mrd. Euro Steuern eingenommen werden
- die jährlichen Kosten alkoholbezogener Krankheiten bei über 20 Mrd. Euro liegen

In guter Gesellschaft

Ein Gläschen zum Essen und zum Anstoßen, im Sommer ein kühles Bier am Strand, im Winter ein Glühwein am Stand – vorbildlich ist unsere Trinkkultur nicht gerade. Aber sie hat Vorbildfunktion.

Ob im Verhalten, bei der Wertorientierung oder bei Aktivitäten in Beruf und Freizeit – jeder orientiert sich bewusst und unbewusst an Vorbildern. In den ersten Lebensjahren ist das, was die Eltern tun und sagen, Gesetz und man möchte nichts lieber, als zu sein wie die Großen. Diese vorbehaltlose Bewunderung nimmt mit den Jahren ab, wird immer mehr ersetzt durch Kritik oder auch Ablehnung. Mit zunehmender Ablösung von den Eltern werden gleichaltrige Freunde wichtiger; auch Lehrer, Trainer oder andere Bezugspersonen werden als Vorbilder auserkoren.

Eltern – Vorbild?

Das Elternhaus spielt eine entscheidende Rolle als Vorbildfunktion. Das, was Sie als Eltern vorleben, ist – mehr noch als das, was Sie durch Worte vermitteln – prägend für Ihr heranwachsendes Kind. Das betrifft nicht nur Ihren eigenen Umgang mit Alkohol und anderen Genussmitteln, sondern auch Normen und Werte, Verhalten, soziale Fähigkeiten und den Umgang und die Kommunikation miteinander. Vergessen Sie dabei nicht, dass Erziehung auch bedeutet, Zeit zu haben, sich unserem schnellen, beschleunigten Alltag entgegenzustemmen. Zeit zu reden, Zeit etwas miteinander zu erleben. Aber auch Zeit, die Sie Ihrem Kind lassen müssen, bis sich etwas bewegt.

Erziehen? Vorleben – mitleben!
Ein stabiles Kind mit gesundem Selbstbewusstsein kann sich besser gegen Druck abgrenzen und schafft es, Probleme auch ohne Rauschmittel zu bewältigen. Einem Kind, das gelernt hat, dass man Fehler machen darf, aber auch dazu stehen muss, fällt es leichter, den Eltern von Problemen zu erzählen, die im Zusammenhang mit Alkohol aufgetreten sind. Ein Kind, das von seinen Eltern ernst genommen wird

und mit dem die Eltern ehrlich sind, wird sich eher mit seinen Eltern austauschen, ohne seine Unabhängigkeit gefährdet zu sehen.

Stärken Sie die Eigeninitiative Ihres Kindes, trauen Sie ihm Eigenständigkeit zu. Es muss (und wird) seine eigenen Erfahrungen sammeln – das gehört zum normalen Ablösungsprozess. Tut es dies mit Ihrer Zustimmung, haben Sie eine größere Chance, dass es Sie daran teilhaben lässt, mit Ihnen über seine Erlebnisse spricht. Und damit fördern Sie nicht nur sein Selbstbewusstsein, sondern bleiben in Kontakt. Hinweise, wie Sie Ihr Kind stärken können, finden Sie ab S. 65.

Genießen und entspannen? Spannend!

Brauchen Sie morgens mehrere Tassen Kaffee, um überhaupt anzulaufen? Benötigen Sie eine Zigarette vor wichtigen Terminen? Schaffen Sie es nur, mit einem Glas Wein oder einer Flasche Bier die Anspannung des Tages abzustreifen? Tauschen Sie samstags den vollen Geldbeutel gegen eine volle Einkaufstasche? Können Sie sich kaum eine bessere Methode zum Entspannen vorstellen, als abends durch die Fernsehprogramme zu zappen?

Wie Sie mit Genussmitteln umgehen und mit welchen Methoden Sie entspannen, das prägt auch Ihr Kind. Be-

INTERVIEW

Eltern kommen zu Wort

Mein Sohn ist jetzt 16. Neulich kam er am Samstagabend verspätet und angetrunken nach Hause. Als ich ihn zur Rede gestellt habe, meinte er, ich solle mich nicht so haben. Schließlich würde ich auch bei jeder Feier ordentlich was trinken. Und das Gläschen Wein abends gehöre bei meiner Frau und mir ja wohl auch öfters mal mit dazu. Ich hab ihm daraufhin klargemacht, dass das bei Erwachsenen auch was anderes sei und dass er einen anderen Ton anschlagen soll. Wenn ich es mir jedoch im Nachhinein überlege, hat er gar nicht so unrecht. Auch wenn wir nicht übermäßig viel trinken, nutzen wir den Alkohol doch hin und wieder zum Entspannen. Und gerade auf Familienfeiern trinke ich durchaus mal einen über den Durst, worüber sich meine Frau auch schon beschwert hat.

Vater, 48 Jahre

wegung an der frischen Luft findet es sicher nur wenig attraktiv, wenn es von seinen Eltern gewohnt ist, dass sich die sportliche Betätigung auf das Drücken der Fernbedienung beschränkt. Und es wird schwerlich das entspannende Gefühl nach einem konstruktiven Problemlösegespräch kennenlernen, wenn es gewohnt ist, dass Konflikte nur schreiend und türenschlagend ausgetragen werden.

Wenn Sie einige der obigen Fragen mit Ja beantwortet haben, ist auch das kein Beinbruch. Doch dann ist ein ehrlicher Umgang mit Ihrem Konsumverhalten gefragt. Zeigen Sie Ihrem Kind, dass Sie sich Gedanken darüber machen. Erzählen Sie ihm, dass Sie Ihre Nikotinsucht nicht mögen, es Ihnen aber wahnsinnig schwer fällt, sich von dieser zu lösen. Dass Sie früher viel Sport gemacht haben, sich aber seit Ihrem stressigen Job nur noch schwer aufraffen können. Vielleicht ergibt sich daraus sogar eine gemeinsame Aktivität, bei der Sie sich gegenseitig anspornen können?

Elternersatz – Beziehung zu anderen

Während der Zeit, in der Ihr Kind sich zunehmend von Ihnen ablöst, sucht es nach anderen Vorbildern. Neben den Gleichaltrigen sind das durchaus auch Erwachsene – Lehrer, Trainer im Sportverein, Leiter von Jugendzentren, die große Schwester eines Freundes oder eine Tante mit einem aufregenden Lebenslauf.

Lehrer dienen in dieser Phase nicht nur der Vermittlung von Wissen und Lernstrategien, sondern auch dem Vorbereiten auf die spätere Berufswelt, dem Zeigen, wie man sich und andere motivieren kann, wie man mit Autoritäten umgeht oder auch mit ihnen Konflikte austrägt. Trainer sind wichtig, um Gruppenprozesse zu steuern, zu vermitteln, wie man eine Gruppe führt und ein Gemeinschaftsgefühl aufbaut. Gerade in Vereinen herrscht allerdings nicht selten eine relativ laxe Trinkkultur – hier ist es an den verantwortlichen Erwachsenen, diese zu steuern und ggf. auch Einhalt zu gebieten. Auch hier gilt: handeln statt wegsehen.

Wichtig ist, dass sich diese Bezugspersonen ihrer Rolle bewusst und bereit sind, sich dieser zu stellen. Daneben sind Lehrer und Trainer gute Ansprechpartner für Sie als Eltern, wenn Sie sich Sorgen machen. Schließlich erleben diese Ihr Kind oft in anderen Situationen und einem anderem Umfeld als Sie.

In guter Gesellschaft

Gleich und Gleich gesellt sich gern – Peergroup

Im Jugendalter sind zwar die Eltern durchaus noch für die Norm- und Wertorientierung zuständig. Doch immer mehr übernehmen Gleichaltrige (Peers) die Vorbildrolle im Alltag, vor allem für das Verhalten in der Freizeit, aber auch beim Aufbau von Freundschaften. Mit den Peers verbringt man den Großteil seiner Zeit, man teilt ähnliche Erfahrungen, Wünsche, Träume und Ängste und erhält eine Gefühl der Geborgenheit – besonders wichtig, wenn man sich gerade vom Elternhaus löst und im Gefühlschaos der Pubertät zu versinken droht. Die Meinung und Haltung Gleichaltriger gewinnt immer mehr Gewicht; der Jugendliche will dazugehören und dem »Image« entsprechen. Dazu muss er auch die Gruppenregeln kennen und seine Rolle in der Peergoup finden und besetzen.

Äußere Macht

Die Peergroup hat massiven Einfluss – sie ist zentraler Bezugspunkt zur Orientierung und Selbsteinschätzung. Sie prägt Äußeres wie Kleidung, Frisur und Auftreten, das Verhalten z. B. in der Freizeit und beim Genussmittelkonsum, die Meinungen und Einstellungen, z. B. was angesagt und was uncool ist. So wird auch die eigene Wirkerwartung in Bezug auf Alkohol (ob dieser positive oder negative Effekte hat) durch die Peergroup stärker geprägt als durch Ermahnungen oder Ratschläge der Eltern. Sind die von der Gruppe erwarteten und propagierten Wirkungen positiv (»je mehr Alkohol, desto besser«), steigt die Neigung zu großem Konsum. Wird von der Peergroup vertreten, dass Rauchen von Zigaretten oder Cannabiskonsum cool ist, wird es schwierig, diesen uncool zu finden.

Innere Stärke

In dieser Zeit kommt zum Tragen, was das Elternhaus in den Jahren zuvor vermittelt hat. Hat der Jugendliche gelernt, sich abzugrenzen und besitzt er ein stabiles Selbstwertgefühl, wird er seine Autonomie auch in der Gruppe besser bewahren können. Ist sein Selbstvertrauen gering ausgeprägt, wird er sich eher über die Gruppe definieren und in ihr aufgehen, um Halt zu bekommen. Auch die Angst, als »uncool« zu gelten und nicht in die Gruppe aufgenommen zu werden, ist dann eher ausgeprägt. Nicht selten sind Risikobereitschaft und Mutproben »Türöffner« für eine Clique – dazu kann dann auch gehören, dass man sich beim Komasaufen beweisen muss. Dazu kommt, dass Alkohol lockerer und so auch den möglichen Druck einer Peergroup erträglicher macht.

Was bedeutet das für Sie als Eltern? Gewöhnen Sie sich daran, zumindest in manchen Bereichen nur noch die zweite Geige zu spielen. Sie haben trotz allem noch die wichtige Rolle, Ihr Kind auch durch die Umbruch- und Ablö-sungsphase der Pubertät zu begleiten. Bleiben Sie im Gespräch, und bleiben Sie bei Ihrer klaren Haltung mit konsequenten, nachvollziehbaren Regeln und Absprachen.

Legal und illegal – Alkohol und Cannabis

Die gute Nachricht zuerst: Der Umgang mit Cannabisprodukten ist – nach einem jahrelangen »Aufwärtstrend« – seit 2004 rückläufig. Jugendliche konsumieren heute deutlich weniger Haschisch und Marihuana, die Zahl der 14- bis 19-Jährigen, die Cannabis gar nicht erst probieren, steigt. Diese Tendenz gilt übrigens auch für andere illegale Drogen. Trotzdem: Jeder siebte Jugendliche hat bis zum 19. Lebensjahr schon mindestens einmal im Leben Cannabis probiert, jeder Fünfzigste konsumiert ihn regelmäßig (mindestens 10-mal im Jahr). Dabei hat sich die Zahl der regelmäßigen Konsumenten nicht nennenswert verändert.

Was ist Cannabis überhaupt

Hanf (Cannabis sativa) ist eine der ältesten Nutzpflanzen der Welt. Seine Faser findet Verwendung in Stoffen und Papier, seine Samen als Lebens- und Futtermittel, sein Öl in Kosmetika und der Medizin. Daneben wird er, v. a. der Indische Hanf, seit Jahrtausenden als Rauschmittel genutzt und gezüchtet. In den Triebspitzen und dem Harz der weiblichen Pflanze sind halluzinogene Substanzen enthalten, allen voran der Hauptwirkstoff Tetrahydrocannabinol (THC). Marihuana ist die aus den getrockneten Blättern, Blüten und Stängeln gewonnene Rauschdroge, Haschisch die aus dem Harz. Daneben wird durch Extraktion mit Lösungsmitteln »hochprozentiges« Haschischöl produziert.

Cannabis wird meist geraucht (»Kiffen«) – als sog. Joint bzw. Stick (Cannabis-[Tabak-]Zigarette) oder Bong (Wasserpfeife). Die Aufnahme über den Magen-Darm-Trakt, z. B. in Form von Keksen oder im Tee, ist weniger üblich. Für die Droge selbst gibt es zahlreiche alternative Jargonausdrücke, beispielsweise Shit, Dope, Gras(s), Weed, Pott, Ganja, Skunk, Cheebah; ebenso für das Rauchen (z. B. buffen, mockern, knastern, spliffen).

Cannabis in der Jugendkultur

Cannabis ist die mit Abstand am häufigsten konsumierte illegale Droge. Ende der 60er Jahre hat ihr Konsum mit der »Hippiezeit« in die Jugendkultur Einzug gehalten – als Zeichen der Rebellion gegen das Bürgerlich-Spießige. In den letzten Jahrzehnten etablierte sich der Cannabiskonsum oft in Verbindung mit bestimmten Musikrichtungen, v. a. Reggae und Rap/Hip-Hop/Techno, aber auch mit einer bestimmten politisch-sozialen Ausrichtung. »Kiffer« waren früher anders als »Trinker« – diese Szenen hatten nichts gemeinsam. Das hat sich in den letzten Jahren geändert: Der Mischkonsum verschiedener Substanzen ist üblich und der Cannabiskonsum wird oft genauso beiläufig praktiziert wie des Trinken eines Bieres. Das Ritualisierte, das früher den Cannabiskonsum begleitet hat, steht heute in vielen Fällen weniger im Mittelpunkt.

Wie wirkt Cannabis?

Die Rauschwirkung hängt von der Menge, Häufigkeit und Art des Konsums, aber auch von der Veranlagung, persönlichen Befindlichkeit und der Situation ab. Typische Symptome sind eine ausgelassene Stimmung bis zur Euphorie (»high/breit sein«) mit Lachanfällen bei geringsten, objektiv nicht nachvollziehbaren Anlässen sowie eine Entspannung und Verlangsamung sowohl beim Denken als auch Handeln. Die Betroffenen haben oft starken Appetit, gefolgt von Fressattacken. Bei großen Drogenmengen kann es zur Verwirrtheit und Halluzinationen kommen. Anders als die Alkoholvergiftung ist eine Cannabisvergiftung selbst nicht lebensgefährlich. Der Rausch klingt meist nach 3–5 Stunden ab. Bei empfindlichen Personen kann starker Cannabiskonsum zum Ausbrechen einer Schizophrenie führen oder schizophrenieähnliche Symptome verursachen.

Ähnlich wie beim Alkohol gehen die Experten auch bei Cannabis davon aus, dass je früher und stärker der Konsum erfolgt, desto mehr Auswirkungen v. a. auf das Gehirn und eine (psychische) Abhängigkeit zu befürchten sind. Auch wenn eine direkte und anhaltende Beeinträchtigung der Gedächtnisleistungen bisher nicht nachgewiesen werden konnte, führte THC zumindest im Experiment bei Mäusen zu einer Rückbildung der Nervenleitungen. Bei Konsum in der Pubertät wird im Tierexperiment die Entwicklung bestimmter Nervenbahnen blockiert. Außerdem scheint sich während des Cannabiskonsums die Hirndurchblutung zu ändern. Regelmäßiger Konsum geht verstärkt mit späteren Problemen in Schule und Beruf, Finanzen und Familie einher. Vermutet wird auch, dass früher Konsum zu späteren Verhaltensstörungen, Depressionen und dem verstärkten Konsum von Alkohol und anderen Drogen führen kann. Dazu kommen noch die durch das Rauchen bedingten Nebenwirkungen wie Lungenkrebs.

Cannabis und mehr

Ihr Kind ist Nichtraucher? Dann ist die Wahrscheinlichkeit sehr groß, dass es noch nie Cannabis probiert hat. Umgekehrt gilt: Je intensiver Tabak geraucht wird, desto eher wird auch Cannabis konsumiert – zwei von drei regelmäßigen Rauchern geben an, auch schon mal gekifft zu haben.

Ähnliches gilt für Alkohol – besteht bereits Erfahrung mit Alkoholräuschen, senkt das die Hemmschwelle, sich auch mal auf einen Cannabis-Höhenflug einzulassen. Der erste Joint ist meist ein Geschenk oder wird in der Peergroup rumgereicht. Mädchen geben als Motiv vorrangig an, neugierig zu sein, Jungen hoffen eher auf positive Effekte und wollen den Alltag vergessen.

In den letzten Jahren zeigt sich insgesamt der Trend, Alkohol, Tabak und illegale Drogen (neben Cannabis v. a. Ecstasy und Amphetamin) in jüngerem Alter auszuprobieren, riskanter und gemischt zu konsumieren. Das kann die akuten und langfristigen negativen Auswirkungen verstärken. Man ist schneller »high«, Warnsignale des Körpers werden nicht mehr richtig wahrgenommen. Dazu kommt, dass bei einem Mischkonsum das Bild einer akuten Vergiftung untypisch und damit – auch vom Fachmann – schwieriger zu beurteilen und therapieren sein kann.

Ein Experte kommt zu Wort

Prof. Dr. Rainer Thomasius ist ärztlicher Leiter des Deutschen Zentrums für Suchtfragen des Kindes- und Jugendalters sowie der Drogenambulanz und der Jugendstation am Universitätsklinikum Hamburg-Eppendorf. Dort beschäftigt er sich auch mit dem Thema Cannabis und Mischkonsum bei Jugendlichen.

Eine Kombination von Alkohol und Cannabis lehnen viele unserer Patienten in der Drogenambulanz ab, da der Kontrollverlust stärker ist als beim Konsum der jeweiligen Einzelsubstanz. Kontrollverlust kann sich in starken Aggressionen oder in Teilnahmslosigkeit äußern. Andere Patienten berichten von Kreislaufstörungen, die ihnen jeden Spaß verderben würden.

Auf der anderen Seite sehen wir mit zunehmender Häufigkeit junge Menschen, die eine Abhängigkeit oder einen sehr problematischen Gebrauch sowohl von Cannabis als auch von Alkohol aufweisen. Phasen exzessiven Cannabisgebrauchs können sich mit Phasen eines Alkoholmissbrauchs abwechseln. Manche Jugendliche nehmen beide Substanzen über lange Zeiträume mehr oder weniger gleichzeitig zu sich. Eine dritte Gruppe, wir nennen sie Mischkonsumenten, ergänzt Alkohol und Cannabis noch zusätzlich durch den Missbrauch anderer illegaler Drogen, z. B. Amphetamine, Ecstasy und in seltenen Fällen auch Kokain.

Die Wechselwirkung von Alkohol und Cannabis kann die unerwünschten Wirkungen der Einzelsubstanzen verstärken. Ob dieser Effekt allein von der Menge des Konsums abhängt, ist jedoch anzuzweifeln, da bei jedem Suchtmittelgebrauch die individuelle Konstitution sowie die aktuelle Stimmungslage und andere Umgebungsfaktoren wichtige Einflussfaktoren darstellen. Ein gezielter, kontrollierter Einsatz zum Erreichen bestimmter Effekte (»relaxed sein«) ist daher aus meiner Sicht nicht möglich, auch wenn dies von manchem Konsumenten immer wieder behauptet wird.

Aus besonderem Anlass einen lustigen Tag zu erleben, soll auch ohne Alkohol und Drogen möglich sein. Von daher ist für mich nicht nachvollziehbar, dass ein gutes Fest »nur« mit Alkohol oder Cannabis funktionieren kann. Sich »abzuschießen«, verhindert in der Regel jedes Lustempfinden, denn an solchem Tag bekommt man gar nichts Lustiges mehr mit. Übelkeit und Erbrechen am nächsten Tag sind am ehesten auf die hohe Kreislaufbelastung durch Mischkonsum von Cannabis und Alkohol zurückzuführen. Bereits alleiniger Alkoholkonsum kann den Kreislauf stark belasten.

Die eigene Welt

Jugendliche stehen während der Pubertät plötzlich vor zahlreichen neuen Aufgaben. Nicht immer gelingt es ihnen, diese allein zu lösen. Problematisch wird es, wenn Alkohol zum ständigen Helfer wird.

Unsere Kinder haben heute so viele Möglichkeiten wie vermutlich selten zuvor. Gleichzeitig ist diese Vielfalt auch beängstigend – wie soll man aus unzähligen Wegen der Lebensgestaltung genau den passenden auswählen? Woher weiß man überhaupt, was passt? Besonders während der Pubertät, in der Heranwachsende sowieso bereits eine ganze Menge an Problemen lösen müssen, kann die Zukunft damit etwas Bedrohliches annehmen – statt Perspektiven und Lust am Planen drohen Verunsicherung und Angst vor der Verantwortung. Die Möglichkeit, etwas falsch zu machen, beunruhigt und lähmt.

Eine weitere Herausforderung, vor der unsere Kinder gegenwärtig stehen, ist die bunte Vielfalt der Generationen. Die Altersspanne der Eltern erstreckt sich heute über Jahrzehnte. Damit gibt es nicht mehr die Elterngeneration und ihre klar definierte Lebensart. Die Folge? Jugendliche haben es schwerer, gegen ein »Feindbild« zu rebellieren, sich abzugrenzen und zu reiben. Es wird schwieriger für sie, Nischen zu finden, die nicht schon von Eltern besetzt sind – ob bei Kleidung, Frisuren, Musik oder Aktivitäten. Das wiederum kann die Ablösung von den Eltern erschweren. Dazu kommt, dass Jugendliche in einigen Bereichen oft besser und mit dem schnellen technischen Wandel vertrauter sind als ihre Eltern (oder auch Lehrer) – was wiederum die Vorbildfunktion infrage stellen kann. Zudem verlangen die Eltern viel von ihrem Kind, lassen es aber häufig mit der Frage allein, wie es diesen Ansprüchen genügen kann. Sie versäumen es, ihm zu helfen, die entsprechenden Informationen zu finden oder gehen davon aus, dass es das Geforderte sowieso schon weiß.

Anforderungen und Überforderung

Im Verlauf seines Lebens steht jeder Mensch immer wieder vor Problemen oder Veränderungen, die eine Lösung erfordern. Die Pubertät und Adoleszenz als Übergang von der Kindheit zum Erwachsensein ist eine Zeitspanne, in der es besonders viele solcher sogenannter Entwicklungsaufgaben zu bewältigen gilt. Dies wiederum ist eine wichtige Voraussetzung für die Reifung und Stabilisierung der Persönlichkeit.

Alkohol und andere Drogen werden in dieser Zeit oft als Helfer beim Bewältigen der Aufgaben benutzt. Beispiele für Entwicklungsaufgaben und Alkohol als möglicher Problemlöser sind:

- **Finden der eigenen Identität** – wer bin ich eigentlich, wo will ich hin? Alkohol kann bei der Suche nach Grenzerfahrungen helfen und als Ausdruck persönlichen Stils dienen
- **Ablösen vom Elternhaus** – kann ich auf eigenen Füßen stehen, was ist mir wichtig? Mit Alkohol lässt sich die eigene Unabhängigkeit demonstrieren und gegen die Eltern und ihre Normen rebellieren.
- **Erwachsen werden** – ich bin doch kein Kind mehr! Wenn die Eltern Alkohol trinken, kann ich das auch.
- **Freundschaft, Liebe, Geschlechterrolle** – wie knüpfe ich soziale Beziehungen, wie geht es mir als Frau/ als Mann, wie nehme ich Kontakt auf? Alkohol erleichtert die Kommunikation, baut Hemmungen ab, ist Teil sozialer (Gruppen-)Rituale, sichert einen hohen Status in der Peergroup.
- **Das Leben schön gestalten** – ich nehme mein Leben selbst in die Hand und entwickle meinen eigenen Stil! Mit Alkohol kann ich Spaß haben und das Leben genießen.
- **Dem Durcheinander etwas entgegensetzen** – die Hormone spielen verrückt, das macht mich ganz verrückt! Alkohol reduziert Stress und dämpft überschießende Gefühle. Das erleichtert denn Alltag.

Die Gefahr besteht darin, dass unter Alkoholeinfluss die verschiedenen Aufgaben nicht wirklich aktiv bewältigt werden, sondern nur der gefühlte Druck der Belastung gemildert wird. Das wiederum fördert die Wahrnehmung, dass Probleme nur mittels Alkohol lösbar sind, verhindert ein Abschließen des Reifungsprozesses und erhöht die Wahrscheinlichkeit, dass sich ein Gefühl des Versagens entwickelt. Damit ist der Weg zu einem möglichen Teufelskreis gebahnt: Trinken als Problemlöser – mehr Probleme – Trinken als Problemlöser.

Stressrisiko = Trinkrisiko?

Wie bei allen Menschen gibt es auch bei Jugendlichen Belastungen, die zu Verunsicherung, einem Gefühl der Bedrohung oder Überforderung führen können. Solche sog. Stressoren sind z.B. komplizierte Übergänge von einer Lebensphase in eine andere, kritische Lebensereignisse und ständige Belastungen wie chronischer Leistungsdruck und Probleme in der Schule oder mit den Eltern, aber auch die Angst vor der Zukunft.

Stress, Schutz und Risiko

Ob solche schwierigen Bedingungen bewältigt werden können oder zu Stresssymptomen und damit einem gesteigerten Risiko für Alkoholkonsum führen, hängt von individuellen Schutzfaktoren (Ressourcen) ab. Besonders wichtig sind die innere Problemlöse-, Entscheidungs- und Handlungsfähigkeit, die Gabe, sich selbst zu motivieren und zu belohnen sowie ein stabiles soziales Netzwerk. Dazu gehört in erster Linie das Elternhaus. Kinder, die ihre Eltern schätzen und sich bei ihnen wohlfühlen, sind wesentlich weniger anfällig für Suchtgefährdung durch Alkohol und andere Drogen als solche, die ihr Elternhaus mit Stress gleichsetzen. Aber auch das direkte Umfeld, insbesondere der Freundes-

Ein Jugendlicher kommt zu Wort

Ist alles grad nicht so einfach zur Zeit. Hab die letzten Wochen öfters mal von der Schule blau gemacht. Also so richtig blau – mit Alkohol und so. Hab mich lieber mit meinen Kumpels am Baggersee getroffen und einen chilligen Tag gemacht. Jetzt stressen die Lehrer – meine Noten sind natürlich auch nicht so dolle. War ja noch eh nie gut in der Schule. Meine Eltern sollen zum Elterngespräch gehen. Das kann ja lustig werden. Als der Brief kam, gab's zu Hause noch mehr Ärger als sonst. Die beiden streiten ja sowieso schon die ganze Zeit rum. Da tut's einfach mal gut, den Kopf ein bisschen abzuschalten und an was anderes denken zu können.

Elias, 15 Jahre

INTERVIEW

kreis spielt dabei eine wichtige Rolle. Zahlreiche Studien haben gezeigt, dass das Trinkverhalten in der Peergroup einen immensen Einfluss auf das Trinkverhalten des Einzelnen hat.

Daneben fördern bestimmte Lebensbedingungen den Alkoholkonsum, z. B. Langeweile, häufiger Aufenthalt in kontrollfreien Räumen bzw. ein Laissez-faire-Verhalten der Eltern, leichter Zugang zu Alkohol, die Verfügbarkeit größerer Geldmengen. Auf dem Land ist der Konsum höher als in der Stadt, wozu vermutlich eine größere Toleranz gegenüber Alkoholtrinken und das Vorhandensein weniger Freizeitangebote beitragen.

INTERVIEW

Alkohol und Gewalt

Viele Straftaten entstehen unter Alkoholeinfluss, fast 30 % der Gewaltdelikte werden von alkoholisierten Tätern begangen. Wie sich Alkohol und Gewalt gegenseitig bedingen, dazu gibt es zwei grundsätzliche Thesen: Der eine Ansatz geht davon aus, dass Alkohol aggressiv macht und die Hemmschwelle für entsprechende Taten senkt. Die andere These legt eine bestimmte Persönlichkeitsstruktur zugrunde, die anfällig ist für missbräuchlichen Alkoholkonsum und Gewalttätigkeit; Alkohol und Aggression sind also Ausdruck der problematischen persönlichen Eigenschaften. Die zweite These wird dadurch gestärkt, dass der Zusammenhang mit Gewaltdelikten auch für Cannabis nachgewiesen werden konnte – eine Substanz, die selbst weit weniger aggressiv macht als Alkohol.

Die Geschichte von Sean

Sean ist jetzt 17 Jahre alt. Er fiel bereits in der Grundschule durch sein aggressives Verhalten auf und konnte sich schlecht in der Klasse einfinden. Seine Eltern trennten sich, als Sean 10 war. Seine Mutter hat inzwischen einen neuen Lebensgefährten, mit dem sich Sean aber nicht versteht. Zu seinem Vater hat er nur sporadisch Kontakt.

Sean, 17 Jahre

Mit 14 wurde Sean erstmalig beim Klauen von Zigaretten erwischt, einige Sachbeschädigungen folgten – so zerstörte er mehrere Mülleimer und besprühte Wände in der Nachbarschaft. Im letzten Jahr bekam Sean insgesamt 3 Anzeigen – eine wegen Diebstahls von Alkohol und zwei wegen Körperverletzungen unter Alkoholeinfluss. Befragt man Sean nach den Gründen für sein Verhalten, erklärt er: »Den Wodka habe ich zum Feiern und Vorglühen mit den Freunden am Freitagabend geklaut. Danach gehen wir zusammen in die Disco. Etwas aufpassen muss man dann schon, zu betrunken darf man eben nicht sein – sonst kommt man nicht rein. Drin wird dann halt weiter getrunken ... wie das eben alle machen.«

Sean mag es nicht, wenn andere Typen ihn dumm anschauen. Oder wenn Sprüche über seine Mutter oder Familie gemacht werden: »Da geht man eben raus und klärt das. Auch das gehört zu so einem Abend dazu. Die erste Anzeige habe ich auch nur bekommen, weil mein Kumpel Chris Stress mit ein paar anderen Jungs hatte. Da hab ich ihm geholfen, nachdem die zu dritt auf ihn eingeprügelt haben.« Er versteht überhaupt nicht, warum die anderen ihn dann noch angezeigt haben. »Außer einem blauen Auge und einer gebrochenen Nase ist schließlich nichts passiert – außerdem haben die anderen angefangen.« Dafür, dass sein Kumpel den einen mit einer abgeschlagenen Bierflasche bedroht hat, fühlt sich Sean nicht verantwortlich.

An die zweite Schlägerei kann – oder will – sich Sean nicht wirklich erinnern. Er weiß noch, dass der Typ ihn schräg von der Seite angemacht habe. »Da bin ich selbst aber auch schon viel zu betrunken gewesen, um überhaupt zu kapieren, worum es eigentlich geht. Ich habe dem Typ gesagt, er soll verschwinden und mich in Ruhe lassen. Der hat aber weitergelabert und dann hab ich halt zugeschlagen.« Bis dieser endlich ruhig war. Beim Zutreten hat Sean dem anderen zwei Rippen gebrochen. Deshalb gab es auch die Anzeige wegen schwerer Körperverletzung.

In nachfolgenden Beratungsgesprächen wird deutlich, dass Sean erheblichen familiären Konflikten ausgesetzt ist. So gestaltet sich die Beziehung zwischen seinen Eltern nach der Trennung schwierig und Sean fühlt sich zwischen den beiden hin- und hergerissen. Auch den neuen Partner seiner Mutter möchte Sean nicht akzeptieren und es kommt häufig zu verbalen Auseinandersetzungen. Im Lauf der Gespräche wird Sean und seiner Familie deutlich, dass er versucht, mit Alkohol abzuschalten und emotional herunter zu fahren – durch die enthemmende Wirkung des Alkohols jedoch seine versteckten Ängste und Aggressionen hervorkommen. Durch begleitende Familiengespräche entspannt sich die konflikthafte Situation zu Hause. Sean trinkt zwischenzeitlich deutlich weniger, hat keinen Ärger mehr mit dem Gesetz und macht im Sommer seinen Realschulabschluss.

Die eigene Welt

Trinken und mehr

Die Gruppe Jugendlicher, die primär trinkt, um psychische Probleme wie Stress und Spannung zu bewältigen, ist weitaus kleiner als die Gruppe, die Alkohol in Erwartung von Spaß, Aufregung und vereinfachter Kontaktaufnahme zu sich nimmt. Allerdings haben die Personen der ersten Gruppe ein größeres Risiko, in einen missbräuchlichen Konsum oder gar eine Abhängigkeit zu rutschen.

Trinken als Selbstbehandlung

Eine kleine Minderheit benutzt Alkohol (und andere Substanzen) nicht nur als Mittel gegen »normale« Probleme, sondern bei ihnen liegen handfeste psychische Auffälligkeiten und Störungen vor, die sie – bewusst oder unbewusst – versuchen, mit Alkohol selbst in den Griff zu bekommen; oft mit gegenteiliger Wirkung. Um in solchen Fällen das Alkoholproblem zu lösen, ist es wichtig, dass die psychischen Störungen erkannt werden (gar nicht so einfach, da sich die Symptome hinter den Alkoholwirkungen »verstecken« können) und adäquat behandelt werden (→ Special »Alkohol und psychische Störungen« S. 63).

Haben Sie also das Gefühl, Ihr Kind zeigt ein auffälliges Verhalten, entwickelt plötzlich Ängste oder zieht sich immer mehr in sich zurück, wirkt traurig oder deutet Selbstmordabsichten an, zögern Sie nicht, fachliche Hilfe in Anspruch zu nehmen. Dies gilt besonders, wenn es gleichzeitig große Mengen Alkohols zu sich nimmt oder regelmäßig trinkt.

Trinken als Einstiegsdroge

Eine weitere Gruppe konsumiert nicht nur Alkohol in bedenklichen Mengen, sondern ebenso Zigaretten oder sogar andere, illegale Rauschmittel (→ Special »Alkohol und Cannabis« S. 54). Seit einigen Jahren bekannt ist die »Entwicklungssequenz des Drogenkonsums« – ein komplizierter Begriff für die Tatsache, dass der Weg zu harten Drogen in der Regel über Alkohol bzw. Alkohol plus Tabak und dann Cannabis führt. Also: Nicht jeder, der Alkohol konsumiert, wird später harte Drogen nehmen, aber fast jeder, der harte Drogen nimmt, hat mit Trinken angefangen.

Psychische Störungen und Alkohol

Zufall oder Zusammenhang?

In zahlreichen Studien wurde gezeigt, dass bestimmte Persönlichkeitsmerkmale, psychische Auffälligkeiten und erhöhter Alkoholkonsum häufig gemeinsam auftreten, fachsprachlich auch als Komorbidität bezeichnet. Doch ist nicht immer klar, in welcher Beziehung sie zueinander stehen, was wovon abhängt: War zuerst die Aggressivität vorhanden, die direkt für ein erhöhtes Missbrauchsrisiko spricht? Oder ist Aggressivität nur Zeichen einer anderen Ursache, die gleichzeitig auch die Wahrscheinlichkeit für den Alkoholkonsum erhöht? Oder führt erst längeres Trinken zu einer erhöhten Aggressivität?

Ursachen und Folgen

Viele Experten sind sich einig, dass bestimmte psychische Störungen zu einem erhöhten Alkoholkonsum bis hin zur Sucht führen können (wobei schädlicher Gebrauch und Abhängigkeit selbst als sog. alkoholbezogene Störungen auch zu den psychischen Störungen zählen). Dies gilt besonders für Depressionen, Angststörungen, Störungen des Sozialverhaltens, unbehandelte Aufmerksamkeitsdefizit-Hyperaktivitätsstörungen (»Zappelphilipp-Syndrom«), Traumatisierungen, Selbstmordgedanken, Selbstverletzung und die Ess-Brech-Sucht.

Gerade bei Alkoholkonsum sind die häufigsten Diagnosen Depressionen, Angststörungen und Störungen des Sozialverhaltens. Depressives Verhalten zeigt sich in Zurückgezogenheit, In-sich-gekehrt-Sein, einer negativen pessimistischen Grundhaltung oder auch überzogen wirkenden Ängsten. Bei Störungen des Sozialverhaltens kann sich der Betreffende in einer Gemeinschaft schlecht einordnen, fällt durch aggressives Verhalten auf oder ist beispielsweise oft besonders aufgedreht. Man geht davon aus, dass jemand mit einer vorbestehenden psychischen Störung in einer Art Selbstmedikation zu Alkohol oder Drogen greift, um so Erleichterung zu erfahren.

Psychische Störungen können aber auch Folge des Alkoholkonsums sein und diesen verstärken. Wiederholter Alkoholmissbrauch oder eine Alkoholsucht führen zu Defiziten in der Entwicklung, z. B. zu einem mangelnden Durchhaltevermögen. In einer Situation, in der der Betroffene dann die Defizite spürt (»ich schaffe das alles nicht«) und sich der aktuellen Lage nicht gewachsen fühlt, entwickelt sich schneller eine negative oder depressive Haltung.

Die genaue Anzahl der Kinder und Jugendlichen, die aufgrund einer psychischen Störung einen riskanten Alkoholkonsum aufweisen, lässt sich nicht abschätzen.

Im Umkehrschluss gilt, dass die adäquate und frühzeitige Behandlung psychischer Störungen auch das Missbrauchsrisiko für Alkohol senkt. Und dass eine Therapie, die sich bei solchen Betroffenen nur auf das Trinkverhalten beschränkt, die psychischen Störungen aber missachtet, kaum von langfristigem Erfolg gekrönt sein wird.

Ein Experte kommt zu Wort

Dr. Martin Stolle, Kinder- und Jugendpsychiater und ärztlicher Psycho-
therapeut, forscht im Deutschen Zentrum für Suchtfragen des Kindes- und
Jugendalters, wo innovative Methoden der Suchtvorbeugung entwickelt
und erprobt werden. Dort richtet sich ein Augenmerk besonders auf Risiko-
gruppen, zu denen auch Jugendliche mit psychischen Störungen gehören.
Darüber hinaus ist Dr. Stolle als Oberarzt auf der Jugend-Suchtstation am
UKE tätig.

Kinder und Jugendliche mit psychischen Problemen sind besonders gefährdet, einen riskanten Alkoholkonsum zu entwickeln. Deshalb ist es besonders wichtig, diese frühzeitig zu erkennen.

Hinweise erkennen. Die Warnsignale psychischer Störungen im Kindes-
und Jugendalter sind so vielgestaltig wie die psychischen Störungen selbst.
Hellhörig sollten Eltern immer dann werden, wenn sich das Verhalten ihres
Kindes verändert, wenn es sich vermehrt zurückzieht und nicht mehr er-
reichbar ist. Gerade im Zusammenhang mit Problemen in der Schule und im
Freundeskreis können das Hinweise auf eine depressive Entwicklung sein.
Genauso können ein Wechsel des Freundeskreises, Schuleschwänzen, erste
kleinere Delikte und Konsum von Alkohol und anderer Substanzen Alarmsig-
nale für eine Störung des Sozialverhaltens sein. Mitunter ist »auffälliges
Verhalten« in der Pubertät aber schwer von einer »beginnenden psychischen Störung« abzugrenzen, da es in Teilen auch zum normalen Entwick-
lungsprozess in der Pubertät bzw. der Adoleszenz gehört.

Und weiter? Gerade dann, wenn in mehreren Lebensbereichen wie Familie,
Schule und Freundeskreis gleichzeitig Auffälligkeiten auftreten, könnte
auch eine psychische Störung vorliegen. Bei entsprechendem Verdacht sollten die Eltern sich vom Haus- oder Kinderarzt eine Überweisung zu einem
niedergelassenen Kinder- und Jugendpsychiater geben lassen. Dort kann
eine fachärztliche Abklärung erfolgen und die entsprechende Diagnostik
durchgeführt werden. Falls erforderlich, können notwendige Maßnahmen,
wie z. B. eine Psychotherapie oder eine suchtspezifische Behandlung, ggf.
verbunden mit einer medikamentösen Unterstützung, eingeleitet werden.

Sie sind gefragt –
Kinder stark machen

Eltern kommen zu Wort

Überall liest man, dass Kinder heute viel schneller erwachsen werden und auch viel früher ihre ersten Erfahrungen mit Alkohol oder mit dem anderen Geschlecht machen als wir in unserer Jugendzeit. Unser Sohn Leon war immer schon früh dran. Er hat vor allem auch viele ältere Freunde. Da macht man sich natürlich schon so seine Gedanken und fragt sich, wann er wohl seine ersten Erfahrungen mit Alkohol macht.

Eltern eines 14-jährigen Jungen

Eine spontane Gelegenheit zum Nachfragen hat sich angeboten, als der Onkel von Leon auf einem Familienfest ziemlich gebechert und dann viel – leider auch viel Unsinn – geredet hat.

Am nächsten Tag haben wir über das Fest gesprochen und über den alkoholisierten Zustand von seinem Onkel. Leon meinte nur, dass er von Bier müde wird. Er habe schon gelegentlich probiert – einmal wohl auch etwas mehr. So ergab sich ein offenes Gespräch über Alkohol und seine guten und schlechten Wirkungen. Uns hat das ganz ziemlich stolz gemacht. Zum einen, dass Leon uns das erzählt, zum anderen, dass er offensichtlich zwar Erfahrungen mit Alkohol sammelt, dabei aber durchaus auch dessen kritische Seiten sieht und verantwortungsvoll mit seiner Gesundheit umgeht.

Wann spricht man mit seinem Kind über Alkohol – wann ist es alt genug, wann der richtige Zeitpunkt? Und was kann man sonst tun, damit ein Kind möglichst sicher im Umgang mit Alkohol wird? Dass ein Kind außer Essen, Trinken und Kleidung noch einiges mehr benötigt, um groß und stark zu werden, wissen Sie. Wahrscheinlich haben Sie instinktiv in den letzten Jahren vieles bei der Erziehung Ihres Kindes richtig gemacht, sich bei Unsicherheiten belesen oder mit anderen Eltern, Erziehern oder Lehrern kurzgeschlossen, um Ihr Kind auf den richtigen Weg bringen zu können.

Wie Sie Ihr Kind stärken können

Für die körperliche und viel mehr noch die geistige Gesundheit Ihres Kindes sind mehrere Aspekte von zentraler Bedeutung. Gelangt Ihr Kind zu der Überzeugung, dass es die Zusammenhänge seines Lebens versteht, dass es selbst in der Lage ist, sein Leben in die Hand zu nehmen und zu verändern? Kann es seinem Leben einen Sinn abgewinnen? Dann entwickelt es eine positive Grundhaltung (Kohärenzgefühl), die ihm hilft, sich in seinem Leben zu orientieren. Es wird in der Lage sein, seine ganz persönlichen Fähigkeiten für seine Gesundheit und sein Wohlbefinden zu nutzen und den Herausforderungen des Lebens gewappnet entgegenzutreten.

Das Leben verstehen

Kann Ihr Kind die Regeln und das Verhalten seiner Umwelt nachvollziehen? Glaubt es, dass es aus eigener Kraft oder mit Unterstützung sein Leben meistern wird? Macht sich Ihr Kind die Mühe, sich Aufgaben zu stellen? Oder empfindet es jede Aufgabe als Qual?

Die Komponenten Verstehbarkeit, Handhabbarkeit und Sinnhaftigkeit bilden das individuelle **Kohärenzgefühl**. Seine Ausprägung hängt direkt mit der psychischen Gesundheit, dem Wohlbefinden und der Lebenszufriedenheit Ihres Kindes zusammen. Je nach Lebenssituation kann das Kohärenzgefühl positiver oder weniger positiv sein.

Und hier kommen Sie ins Spiel:

▮ Geben Sie Ihrem Kind das Gefühl, sein Leben ist vorhersehbar – das können Sie direkt durch eine klare Tagesstruktur und Regeln beeinflussen.
▮ Ihr Kind sollte erfahren, dass es Kontrolle über sein Tun hat: Fördern Sie seine Selbstständigkeit, so kann es eigene Erfahrungen machen.
▮ Zeigen Sie Ihrem Kind, dass es sich lohnt, Neues zu lernen. Neue Erfahrungen sind ein Gewinn für Ihr Kind, besonders wenn Sie angemessene Hilfestellung geben.

Mit diesem Verhalten stärken Sie Ihr Kind. Nicht nur gegen Suchtmittel wie Alkohol oder Nikotin, sondern auch für das Leben allgemein.

Problemen begegnen

Oft fragt man sich, wie es viele Kinder unter schwierigsten sozialen Umständen wie Armut, Krieg oder Missbrauch jeglicher Art schaffen, emotional und psychisch gesund zu bleiben und später trotz der widrigen Startbedingungen ein erfülltes Leben führen. Die Eigenschaft, die diese Menschen dazu befähigt, wird als **Resilienz**, als psychische Widerstandsfähigkeit, bezeichnet. Sie lässt Menschen stressige, frustrierende und schwierige Lebenssituationen meistern. Und sie ermöglicht es ihnen, sich auf wechselnde Situationen einzustellen und jeweils angemessen und flexibel zu reagieren.

Heute weiß man, dass Resilienz nicht nur in Extremsituationen, sondern in allen Lebenssituationen vorteilhaft ist. Sie hilft, psychisch gesund zu bleiben und mit Belastungen des Alltags umzugehen. Resiliente Menschen vertrauen auf ihre eigenen Fähigkeiten – nicht auf Zufall, Glück oder Schicksal. Sie wissen, dass sie selbst es sind, die über ihr Leben bestimmen. Das bedeutet auch, dass es wichtig ist, die Resilienz eines Kindes zu fördern.

Resilienz beeinflussen

Glücklicherweise tragen Eltern und Geschwister viel dazu bei, dass ein Kind Resilienz entwickelt. Zwar sind auch die schulische Umgebung, die Kultur und Gesellschaft und innere Faktoren wie (emotionale) Intelligenz an der Resilienzentwicklung beteiligt, aber das Verhalten der Familie hat den stärksten Einfluss. Psychisch am stabilsten sind Kinder, deren Eltern Anteil an ihrem Leben nehmen und in deren Familien Bildung eine große Rolle spielt und zwar nicht als Mittel zum Zweck, sondern um der Bildung willen. Eine besondere Rolle spielt das Lesen,

AUF DEN PUNKT

9 gute Gründe, Resilienz zu fördern

Resilienz macht, dass …

- man anderen Menschen zugewandter wird, positiv auf Aufmerksamkeit reagiert.
- Menschen einfühlsamer und emotionaler sind, man spricht eher über seine Gefühle.
- man vertrauensvoller und weniger aggressiv wird. Dabei wird man nicht »tough«, sondern ersucht andere eher um Hilfe und gibt Schwächen eher zu.
- man eine realistische Selbsteinschätzung bekommt und realistische Zukunftsvorstellungen entwickelt.
- man sozial angepasster wird, resiliente Kinder sind »leichter zu lenken« und versuchen den Erwartungen Erwachsener gerecht zu werden.
- man an Menschen, Sachen und Ideen interessiert ist. Man lernt gerne; resiliente Kinder gehen in der Regel gerne zur Schule.
- man bessere Schulleistungen erbringt, als es von der Intelligenz her zu erwarten wäre. Man gibt sich Mühe, mehr zu leisten.
- man Impulse eher unter Kontrolle hat, disziplinierter und eher in der Lage ist, auf eine Belohnung zu warten.
- man weniger anfällig ist, eine Suchtmittelproblematik zu entwickeln.

hauptsächlich das Vorlesen, da es die emotionalen Bindungen in der Familie stärkt. Verantwortungsbewusste Eltern, die in ihrem sozialen Gefüge Aufgaben übernehmen, und der Kontakt zu Großeltern sind weitere Eckpfeiler für die Entwicklung von Resilienz.

Daneben gibt es auch in der Schule Resilienzförderung, z. B. durch Paten-

schaften (ältere Schüler kümmern sich um Neulinge).

Werte vermittelt bekommen

Wie schaffen Sie es nun, Kohärenzgefühl und Resilienz Ihres Kindes zu stärken? Viele Punkte werden Sie in der einen oder anderen Form schon vorleben. Es lohnt sich dabei, noch mal einen genaueren Blick auf sich selbst zu werfen.

Was Sie vorleben, zählt

Unterschätzen Sie niemals Ihre Vorbildfunktion. Schon als Baby und Kleinkind lernt Ihr Kind von Ihnen, übernimmt Ihre Reaktionen, ahmt Ihr Verhalten nach und entwickelt nach und nach ein Verhaltens-, Regel- und Wertesystem, das es sein Leben lang begleiten wird. Dieses System ist nicht starr und für immer festgelegt, so dass Veränderungen zu jedem Zeitpunkt möglich sind.

Sich selbst mögen. Mögen Sie sich, mit Ihren Fehlern und Schwächen? Haben Sie ein positives Selbstwertgefühl und nehmen Sie sich mit allen Ihren Fehlbarkeiten an? Oder haben Sie oft das Gefühl der Unzulänglichkeit, sind unzufrieden und uneins mit sich und der Welt? Nur wenn Sie sich mögen, können Sie auch Ihrem Kind vermitteln, wie es zu einem selbstbewussten Menschen wird. Geben Sie Fehler zu, lernt

Ihr Kind, dass Sie nicht perfekt sind, aber ehrlich und bemüht. Das verbindet und schafft Vertrauen.

Gefühle zeigen. Sprechen Sie über Ihre Gefühle, drücken Sie Ihre Zuneigung körperlich aus. Gerade in der Pubertät, wenn jeder Körperkontakt zu den Eltern vermieden und Ihr Kind zunehmend wortkarg wird, machen Sie den Anfang. Sprechen Sie über Ihre Sorgen, aber auch darüber, was Sie an Ihrem Kind stolz macht und dass Sie ihm vertrauen. Ihr Kind braucht diese Zuwendung, so wird es stark und selbstbewusst. Wenn Sie in schwierigen Situationen Zuversicht ausstrahlen, lernt Ihr Kind, dass es für Probleme eine Lösung gibt, die es zu finden lohnt.

Konflikte austragen. Wie gehen Sie mit Problemen um? Kommt es bei Ihnen oft zu lautstarken Streitereien, ohne dass hinterher eine Lösung gefunden wird? Werden Probleme eher ausgesessen oder zieht sich jeder in ein Schneckenhaus zurück? Führen Sie zuhause eine Streitkultur ein, in der Ihre Kinder sich als gleichberechtigte Gesprächspartner fühlen und hinterher gemeinsam eine konstruktive Lösung erarbeitet wird, in der man auch laut werden darf und alle zu Wort kommen.

Miteinander leben. Erstellen Sie eine Liste, welche Tätigkeiten Sie wirklich in der Familie miteinander machen, z. B.

gemeinsame Mahlzeiten, feste Familienzeiten. Oft schleicht sich unbewusst eine Aufgabenverteilung ein, die nicht nur Hausarbeit, sondern auch die Freizeitgestaltung betrifft. Und man stellt erstaunt fest, dass es kaum noch etwas gibt, wo wirklich alle an einem Strang ziehen. Verteilen Sie die Aufgaben um, legen Sie gemeinsam eine feste Familienzeit pro Woche fest – so wächst der Teamgeist Ihres Kindes.

Struktur vorgeben. Regelmäßigkeit, Verlässlichkeit und Berechenbarkeit braucht Ihr Kind, um eine positive

---

AUF DEN PUNKT

Mal andersherum gedacht – so wird Ihr Kind sicher süchtig

❚ Unternehmen Sie nie etwas als Familie: keine gemeinsamen Mahlzeiten, keine Geburtstagsfeste, keine Wochenendausflüge. Legen Sie stattdessen Wert auf materielle Güter und das äußere Erscheinungsbild.

❚ Hören Sie Ihrem Kind nie zu, sprechen Sie mit anderen über Ihr Kind, z. B. loben Sie es ausführlich, wenn es zuhört. Unterhalten Sie sich nie mit Ihrem Kind.

❚ Werten Sie die Leistungen Ihres Kindes stets ab und kritisieren Sie sein Verhalten.

❚ Predigen Sie Wasser, trinken Sie Wein: Stellen Sie Ihrem Kind die Gefahren von Alkohol und Nikotin anschaulich dar, während Sie selbst rauchen und trinken.

❚ Halten Sie Ihre Kinder von allem geistigen Input fern, lassen Sie keine Experimente, Abenteuer, Schwierigkeiten zu.

❚ Leben Sie Ihren Kindern vor, dass man »kleinere« Regeln und Gesetze ruhig verletzen darf, solange es niemand merkt. Korrigieren Sie das Verhalten Ihres Kindes nicht, sondern nehmen Sie es vor den Vorschriften von Kindergarten, Schule, Beruf und Gesetz in Schutz.

❚ Halten Sie immer zu Ihrem Kind – bilden Sie eine Allianz gegen Ihren Ehepartner, den Lehrer etc.

❚ Übernehmen Sie alle Verantwortung, treffen Sie alle Entscheidungen.

❚ Zeigen Sie keine Gefühle.

Grundhaltung zu entwickeln. Daneben sind angemessene, verständliche Regeln das A und O, an dem sich Ihr Kind orientiert. Eltern neigen dazu, ihre Bedürfnisse denen ihrer Kindern unterzuordnen. Das ist genauso falsch, wie auf die Bedürfnisse eines Kindes nicht einzugehen. Lernen Sie Grenzen zu ziehen und diese auch einzuhalten. Nur so lernt Ihr Kind Grenzen kennen und respektieren.

Was Ihr Kind braucht

Liebe und Anerkennung erhält Ihr Kind von Ihnen, seitdem es auf der Welt ist. Um seine Persönlichkeit und seinen Mut zu fördern, sich den Anforderungen des Lebens tagtäglich neu zu stellen, unterstützen Sie es am besten in folgender Weise.

Ihr Interesse. Miteinander sprechen, Interesse zeigen, zuhören – nehmen Sie sich bewusst Zeit dafür. Wird einem Kind zugehört, kann es selbst besser zuhören. Lenken Sie sich im Gespräch nicht durch Fernseher, Radio oder Rechner ab. So entwickeln sich beim Gespräch eigene innere Bilder, die Wahrnehmung wird nicht durch wechselnde Licht- und Schattenverhältnisse einer stummen Flimmerkiste abgelenkt. Kinder, denen gut zugehört wird, sind gelassener und fühlen sich weniger gestresst, schlafen besser und können dabei das tagsüber Erlernte besser vom Kurzzeit- ins Langzeitgedächtnis übertragen.

Lesen? Lesen! Lesen ist das entscheidende Training für das Gehirn – das ganze Leben lang. Gibt es in ihrem Haushalt eine Zeitung? Auch viele Jugendmagazine lassen sich abonnieren. Selbst wenn Lesen bisher in Ihrem Haushalt eine eher untergeordnete Rolle spielte, lohnt es sich, ab jetzt mehr zu lesen. Erklären Sie Ihrem Kind, Ihnen ist aufgefallen, dass das Lesen bisher zu kurz gekommen ist und dass Sie das ändern wollen. Es gibt übrigens auch sehr intelligente Comics für Jugendliche und Erwachsene.

Die Rolle von Computer, Playstation, Fernseher. Braucht Ihr Kind wirklich ein eigenes Gerät in seinem Zimmer? Unzählige Studien zeigen deutlich, dass übermäßiger Medienkonsum dazu führt, dass Kinder übergewichtig, leistungsschwach, traurig und gewaltbereit werden. Sie können mit »echten« Beziehungen viel weniger anfangen. Wollen Sie das wirklich für Ihr Kind? Ein Zuviel an Medienkonsum lässt sich daran festmachen, ob Fernsehen und

Computerspiele zur bestimmenden Freizeitbeschäftigung werden und ob sich in den Erzählungen Ihres Kindes nur noch alles um virtuelle Helden dreht. Spätestens jetzt sollten Sie gegensteuern, dabei sind Anregungen im wirklichen Leben die beste Alternative.

Achten Sie aber auch darauf, wie Sie selbst Medien konsumieren – Ihre Vorbildfunktion ist auch hier gefragt. Behalten Sie im Auge, was Ihr Kind guckt oder spielt – machen Sie einfach mal mit, so verstehen Sie leichter, was Ihrem Kind daran Spaß macht und Ihr Kind fühlt sich mit seinen Interessen ernst genommen.

Viel Bewegung, gute Ernährung. Regelmäßige Bewegung sollte für Ihr Kind und die ganze Familie eine Selbstverständlichkeit sein. Planen Sie für diese Aktivitäten Familienzeit ein – sie sind eine gute und gesunde Alternative zum Konsum und stärken den familiären Zusammenhalt. In Sport und Spiel misst sich Ihr Kind mit anderen – im Wettkampf auch körperlich – und muss sich auch mit Frustrationen auseinandersetzen. Es kann an seine Grenzen gehen und sich auspowern.

Lernt Ihr Kind Ernährung und Bewegung schätzen, lernt es auch einen guten Umgang mit seinem Körper, wie man ihn kräftigt, damit er gut funktioniert.

TIPPS FÜR DEN ALLTAG

Verbieten und Belohnen

Bauen Sie Fernsehen, am Computer Spielen, Lesen, Bewegung, Süßigkeiten und kreative Aktivitäten fest in Ihre Tagesstruktur ein – sonst kann eine Verschiebung der Wahrnehmung stattfinden und Ihr Kind empfindet irgendwann ein Fernsehverbot als stärkere Bestrafung als den Ausfall einer gemeinsamen Aktivität.

Malen, Singen, kreativ sein. Fördern Sie die Kreativität Ihres Kindes. Die allerdings äußert sich bei Jugendlichen oft nicht mehr im Bildermalen oder Musikmachen. Sie interessieren sich dafür für Bands oder sind am Computer sehr kreativ. Lassen Sie sich doch mal zeigen, was Ihr Kind so am Rechner treibt. Und zum Streitfaktor Jugendkultur: Dass Ihr Kind Bands mag, deren Musik Ihnen so gar nicht zusagt, gehört auch dazu, dass ihr Kind seinen eigenen Stil finden muss.

Ja und Nein sagen lernen. Wie gehen Sie mit einem »Nein« Ihres Kindes um? Kinder entwickeln frühzeitig ein Bewusstsein dafür, was sie wollen und was nicht. Ein Kind, dessen »Nein« Anerkennung findet, kann später auch »Nein« zu Rauschmitteln sagen. Prüfen Sie, in welchen Situationen Sie ein »Nein« Ihres Kindes eventuell doch anerkennen sollten, auch wenn Sie eine andere Sichtweise haben.

Be- und Entlasten. Trauen Sie sich, Ihrem Kind etwas zuzutrauen. Erklären Sie ihm, warum welche Aufgaben sinnvoll sind, weshalb sich Schulbesuch und gute Noten auszahlen, welche Funktion das Erlernen eines Musikinstruments haben wird. Bauen Sie dabei keinen zusätzlichen Leistungsdruck auf, freuen Sie sich über Teilerfolge. Gerade in der Freizeit fördern Jugendgruppen, bei denen Sport, Spiel oder die Natur im Mittelpunkt stehen, die Belastbarkeit Ihres Kindes.

Ihr Kind sollte lernen, dass auf eine Belastung immer auch eine Entlastung und Erholung folgt. Diese kann viele Formen annehmen: ein kleines Lob nach kleiner Last, ein Lieblingsessen, ein Bad bei Kerzenschein oder eine nicht ganz alltägliche Aktivität wie ein Kinobesuch nach größerer Anstrengung. Überlegen Sie, wie Sie in der Familie Be- und Entlastung signalisieren und mit Lob belohnen. Sind Unterschiede zwischen Stress und Entspannung spürbar? Welche Aktivitäten nutzen Sie zur Entlastung? Denken Sie dabei auch an sich: Auch Sie freuen sich, wenn man Sie entlastet und Ihre Leistungen nicht als selbstverständlich angenommen werden. Passiert das und wenn ja, wie?

Fo(e)rdern, nicht zu viel und nicht zu wenig. Finden Sie immer das richtige Maß an angemessener Hilfestellung und fordernder Belastung? Der Spagat ist nicht einfach, tendiert man doch oft dazu, Kindern zu viel abzunehmen. Umgekehrt ist Ihr Kind gerade in der Pubertät oft überfordert, weil zu viele Aufgaben auf einmal zu bewältigen sind. Erwachsen werden, berufliche Perspektiven entwickeln, einen Freund/ eine Freundin finden, sich unter den Freunden behaupten, Neues ausprobieren. Sie können das Ihrem Kind nicht abnehmen, aber Sie können Ihre Meinung klar äußern und so eine Orientierung vorgeben. Wenn Ihr Kind andererseits oft sehr lustlos erscheint, überlegen Sie, ob es eventuell unterfordert ist. Gibt es keine echten Herausforderungen und Erlebnisse, kann Suchtmittelkonsum verführerisch werden.

Ermutigen Sie Ihr Kind, Neues auszuprobieren, aber behalten Sie einen Blick dafür, ob Ihr Kind über- oder unterfordert ist. Oft zeigen Jugendliche in beiden Situationen ein ähnliches Verhalten, so dass Ihr Einfühlungsvermögen gefragt ist.

Selbstständigkeit erlangen, Verantwortung übernehmen. Sie können Ihrem Kind zunehmend immer verantwortungsvollere Tätigkeiten übertragen. So wird Ihr Kind selbstständig und lernt, auf eigenen Füßen zu stehen. Lassen

Sie Ihr Kind seine eigenen Erfahrungen machen – das macht stark, unabhängig und stolz. Ihr Kind will allein oder mit Freunden in den Urlaub fahren? Geben Sie einen Rahmen, z. B. die Finanzen, vor, dann soll Ihr Kind selbst recherchieren und Ihnen begründen, warum es welche Auswahl getroffen hat. Mit 16 kann es selbst seinen Personalausweis beantragen, eine Vorauswahl eines Mofas treffen und Ihnen hinterher genau erklären, warum es dieses Modell sein soll. Es ist auch nicht zu viel verlangt, wenn Ihr Kind sein Taschengeld mit Babysitten oder Hausaufgabenhilfe aufbessert. Auch einige Aufgaben im Haushalt sollten in seine Verantwortung übergehen – Familie und das Zuhause ist keine einseitige Angelegenheit. Wollen Sie für Ihr 17-jähriges Kind »Hotel Mama« mit Vollpension sein?

Freiraum und Rückhalt. Ihr Kind lernt durch Ausprobieren. Lassen Sie Ihr Kind seine Probleme selbst lösen, ermutigen Sie es bei Misserfolgen. So wird es neue Versuche starten und sein Selbstbewusstsein wird steigen, wenn es ohne Ihre Hilfe einen Erfolg verbuchen kann. Das eigenständige Üben fördert die Bereitschaft Ihres Kindes, auch später im Leben aktiv Probleme anzugehen und diese nicht im »Rausch zu ertränken«.

Machen Sie sich bewusst, dass Kinder heute einen sehr geregelten Alltag haben. Das kann einerseits dazu führen, dass das Bedürfnis nach Risiko ins Unermessliche steigt, andererseits so verunsichern, dass Abenteuer lieber aus der sicheren Entfernung, nämlich dem Fernseher oder der Spielekonsole, »erlebt« werden. Schaffen Sie Ihren Kindern den Raum, eigene Erfahrungen zu machen, mal etwas zu riskieren, Spannendes zu erleben.

Sehen Sie Ihre Familie und das Zuhause als sicheren Hort, an den Ihr Kind nach seinen Abenteuern zurückkehrt. Sie sind die Basisstation, in der Ihr Kind nach Enttäuschungen wieder Kraft und neuen Mut tankt, um dann erneut ins Ungewisse aufzubrechen.

Sehen Sie sich mit zunehmendem Alter Ihres Kindes mehr als Weggefährten, der ihm zunehmend auf gleicher Augenhöhe begegnet. Begleiten Sie Ihr Kind durch die Pubertät – Erziehen findet mehr und mehr im partnerschaftlichen Miteinander statt. Lassen Sie Ihr Kind ziehen und seine Erfahrungen machen. Wenn es sieht, dass Sie für seine Situation Verständnis aufbringen – das muss nicht kritiklos sein –, kann es Sie leichter als gleichwertigen Ansprechpartner akzeptieren.

Über Alkohol sprechen

Ab wann sollte über Alkohol gesprochen werden?

Kinder bis 12

Machen Sie sich bewusst, dass gerade jüngere Kinder von Ihnen keinen Vortrag zum Thema Alkohol erwarten – und damit wahrscheinlich auch nichts anfangen können. Sie lernen den Umgang mit Suchtmitteln durch das, was Sie ihnen vorleben. Überlegen Sie, ob Sie in problematischen Situationen dazu neigen, sich mit einem Glas Wein zu entspannen, im Stress der Griff zur Zigarette schon reine Gewohnheit ist oder Sie bei Kopfschmerzen sofort zur Tablette greifen. Dieses Verhalten lernt Ihr Kind von Ihnen genauso wie alle anderen Regeln in der Familie.

In der Pubertät

Ihr Kind ist in einer hormonellen Ausnahmesituation, seiner Selbst nicht sicher, muss sich neu orientieren bezüglich seiner eigenen Person, aber auch anderen gegenüber. Und dazu gehört auch das Experimentieren und Ausprobieren. Bei vielen gehört zwischen dem 13. und 15. Lebensjahr auch Alkohol das erste Mal dazu. Machen Sie Ihrem Kind Ihren Standpunkt zu Alkohol und anderen Suchtmitteln klar, legen Sie gemeinsam Regeln für den Umgang mit Suchtmitteln fest. Zeigen Sie Interesse an Ihrem Kind und seinen Aktivitäten, auch und trotz aller Auseinandersetzungen und Differenzen. Akzeptieren Sie aber, dass Ihr Kind Ihnen nicht mehr alles erzählen wird. Seine Gefühle und Ansichten macht es eventuell lieber mit sich oder Gleichaltrigen aus.

Endlich 16

Offiziell darf Ihr Kind jetzt Alkohol trinken – jedenfalls Bier, Wein und Sekt. Und natürlich sehnt jedes Kind den Tag herbei, an dem es ganz hochoffiziell Alkohol kaufen und sich außerdem in einer Kneipe aufhalten kann. Es wäre unrealistisch zu erwarten, dass Ihr Kind gar keinen Alkohol trinken oder sich gar an ein Alkoholverbot halten wird. Sie werden auch nicht verhindern können, dass Ihr Kind möglicherweise bei der einen oder anderen Gelegenheit »über die Stränge schlägt«, also zu viel trinkt.

Allerdings bedeutet das nicht, dass Sie das Verhalten Ihres Kindes ohne Kommentar hinnehmen sollten. Sprechen Sie Ihr Kind immer wieder mal auf Alkohol und andere Suchtmittel an, erklären Sie ihm, was Sie bewegt – Ihr Kind sieht, dass Sie Interesse zeigen, auch ohne Vorwürfe zu erheben. Sprechen Sie mit Eltern, die gleichaltrige Kinder haben,

TIPPS FÜR DEN ALLTAG

Üben Sie einen Perspektivenwechsel

Versetzen Sie sich mal kurz in die Situation Ihres Kindes – und versuchen Sie sich zu erinnern, wie Sie sich in Ihrer Jugendzeit gefühlt haben:

▌ mal ganz großartig – und dann wieder ganz klein und minderwertig

▌ voller Ideen, die von denen der Eltern/anderer Erwachsener abgewichen sind – und argumentativ dann oft unterlegen

▌ auf der Suche nach eigenen Werten, gegen alles Eingefahrene aufbegehrend – auch gegen die sonst durchaus akzeptierten Eltern / Lehrer

▌ um jeden Preis erwachsen wirken – und sich deshalb auch »erwachsenes« Verhalten aneignen: Alkoholgenuss inklusive

Jetzt überlegen Sie, welche Rolle Alkohol in Ihrer Kindheit, Jugendzeit, später als junger Erwachsener, in Krisenzeiten und jetzt spielt.

▌ Was an Alkohol haben Sie damals zu sich genommen? Wie hat sich der Alkoholkonsum dann im Laufe der Jahre entwickelt, wie kam es zu dieser Veränderung? Wer hat damals darauf wie reagiert? Welche Argumente hätten Sie damals vom Alkoholausprobieren und -trinken abgehalten?

Gab es vielleicht in Ihrer Kindheit oder Jugendzeit im Familienumfeld jemanden, der Ihnen aufgrund seines Alkoholkonsums in Erinnerung geblieben ist? Wie ist Ihre Familie damit umgegangen? Hat jemand auf diesen Familienangehörigen reagiert? Was wäre damals eine wünschenswerte Intervention gewesen?

Mit diesen Überlegungen nehmen Sie Ihre eigene Geschichte in den Fokus und entwickeln eine Sensibilität dafür, dass das Thema Alkohol nicht nur für Ihr Kind relevant ist, sondern auch Sie und alle anderen Mitglieder unserer Gesellschaft betrifft.

oder den Eltern der Freunde Ihres Kindes. Vielleicht können Sie gemeinsam Regeln für den Umgang mit Alkohol festlegen, an den sich alle halten.

Wie spreche ich mit meinem Kind über Alkohol und Drogen?

Was machen Sie, wenn Sie befürchten, Ihr Kind hat bereits mit Alkohol experimentiert? Wie sprechen Sie es an? Am besten »präventiv« – das heißt, Sie ergreifen die Initiative und schaffen eine Gesprächssituation, in der alle Zeit haben, keine Termine drängen und vorher keine Streitsituation stattgefunden hat. Achten Sie darauf, wie Sie sitzen: Eltern auf der einen Tisch- oder Sofaseite, das Kind auf der anderen – das wirkt wie ein Verhör, an dem Ihr Kind sicher nicht entspannt teilnehmen wird.

Ich-Botschaften. Sprechen Sie über Ihre Gedanken, unterstellen Sie Ihrem Kind aber nichts, sondern erläutern Sie nur, wie sein Verhalten auf Sie wirkt und was es auslöst. Verdächtigungen und Vermutungen Ihrerseits führen nur zu Ausweichmanövern oder schlimmstenfalls zu Lügen auf Seiten Ihres Kindes.

Informationen geben. Bleiben Sie hartnäckig, bis Sie von Ihrem Kind eine Erklärung gehört haben, die Sie zufrieden stellt. Lassen Sie sich in dem eventuell zähen Gespräch jedoch nicht provozieren, bleiben Sie ruhig und sachlich. Sprechen Sie offen über Ihren eigenen Suchtmittelkonsum, erklären Sie den Unterschied zwischen erwachsenem und jugendlichem Alkoholkonsum. Das können Sie nur, wenn Sie sich vor diesem Gespräch über Ihr Gesprächsthema kundig gemacht haben. Diese Vorrecherche Ihrerseits ist wichtig, denn nur so können Sie Informationen weitergeben und sachlich bleiben. Allerdings sollten Sie klar signalisieren, wo Ihr Wissen an Grenzen stößt. Hat Ihr Kind mehr Interesse an dem Thema, schlagen Sie vor, sich gemeinsam im Internet oder in einer Beratungsstelle schlau zu machen.

Ziele setzen. Überlegen Sie sich vorher, welches Ziel Sie mit diesem Gespräch verfolgen und benennen Sie es für sich konkret. Wollen Sie nur Informationen geben, wollen Sie wissen, wie Ihr Kind zum Alkoholkonsum steht? Lassen Sie sich trotz eines begründeten Verdachts Ihrerseits mit einer lahmen Ausrede abspeisen oder bleiben Sie hartnäckig?

Ein erstes Ziel Ihrerseits ist ja, das Thema angesprochen zu haben, Ihre Bedenken losgeworden zu sein und Ihren Standpunkt klar zu vertreten. Das haben Sie erreicht und ist der erste Schritt. Vereinbaren Sie mit Ihrem Kind, dass es weitere Gespräche zu diesem Thema geben wird. So baut sich bei Ihnen kein neuer Sorgenberg auf und Ihr Kind wird sich nicht überfahren fühlen, wenn Sie das Thema wieder mal anschneiden. Stellen Sie außerdem Regeln für den Gebrauch von Suchtmitteln zuhause auf (die auf das Alter abgestimmt für alle in der Familie gelten) und legen Sie gemeinsam fest, was bei Regelverletzung geschieht (z. B. unliebsame Aufgaben übernehmen, Geld für einen vorher festgelegten Zweck einzahlen, Hilfe von außen holen). Wirkt Ihr Kind auf Sie nicht zugänglich, bieten Sie ihm alternative Gesprächspartner mit umfassenderen Informationen an (finden Sie in jeder örtlichen Beratungsstelle).

TIPPS FÜR DEN ALLTAG

Das können Sie tun

Geben Sie wichtige Regeln vor und lassen Sie einige Verhaltensweisen im Umgang mit Ihrem Kind zur Selbstverständlichkeit werden:

▌ **Taschengeld:** Ihr Kind klagt immer über zu wenig Taschengeld? Überlegen Sie gemeinsam mit Ihrem Partner, welche Höhe für das Alter Ihres Kindes und Ihr Familienbudget angemessen ist – besprechen Sie sich auch mit anderen Eltern. Erklären Sie Ihrem Kind, wie die Summe zustande kommt und machen Sie Vorschläge zur Aufbesserung: die Hecke schneiden, die Hauswoche übernehmen, auf ein kleines Geschwister aufpassen etc.

▌ **Klare Ausgangsregeln:** Natürlich dürfen alle anderen immer länger weg bleiben! Legen Sie gemeinsam fest, wann Ihr Kind unter der Woche und am Wochenende spätestens zuhause sein soll. Fordern Sie eine Auskunft Ihres Kindes darüber ein, wohin es mit wem geht und wie es wieder zurückkommt – ohne diese Aussagen bleibt es notfalls auch mal zuhause. Erklären Sie ihm, warum Sie diese Informationen wünschen.

▌ **Freunde und Kontakte:** Kennen Sie die Freunde Ihres Kindes? Wenn nicht, lassen Sie sich beim nächsten Besuch nicht abwimmeln, sondern stellen sich kurz vor und unterhalten Sie sich kurz. Ihrem Kind wird das zwar peinlich sein, Ihnen aber wird es helfen, einzuschätzen, wen Ihr Kind mag. Ihr Kind chattet viel im Internet? Lassen Sie sich mal Einträge zeigen und erklären Sie Ihrem Kind, was von anonymisierten Kontaktaufnahmen im Netz zu halten ist.

▌ **Andere Eltern kennenlernen:** Machen Sie sich nicht nur mit den Freunden Ihres Kindes, sondern auch mit deren Eltern bekannt. So können Sie besser einschätzen, wo sich Ihr Kind aufhält, und sich bei aktuellen Themen Ihres Kindes und seiner Freunde absprechen.

▌ **Gemeinsame Familienzeit und -aktivitäten:** Schaffen Sie bewusst positive gemeinsame Familienerlebnisse, die nicht den Konsum betonen, sondern mehr die Gemeinschaft fördern.

Wie gefährdet ist mein Kind?

Sie haben das Gefühl, Ihr Kind trinkt zu häufig oder zu viel.
Wie erkennen Sie, ob Ihre Angst begründet ist?

Oft beginnen die elterlichen Sorgen mit einem konkreten Anlass (wie ein »Tipp« der Nachbarin oder der Anruf vom Krankenhaus nach einer Notaufnahme Ihres Kindes im Vollrausch). Oder aber Ihnen fallen mehr oder weniger subtile Veränderungen auf: Ihr Kind ist beim Nachhausekommen besonders laut oder betont leise, es schwankt, nuschelt oder reagiert unpassend, Sie finden es häufig bekleidet im Bett oder es trägt morgens eine »Fahne« oder besonders gereizte Laune mit sich umher.

Finden Sie heraus, ob Ihr Kind gefährdet ist oder sogar bereits Suchtverhalten zeigt – die folgenden Listen fragen typische Kriterien ab. Das Ergebnis gibt Anhaltspunkte, ob risikoreiches Trinken und Alkoholabhängigkeit bei Ihnen bald ein Gesprächsthema sein sollte. Verstehen Sie dies bitte nur als Hinweis; suchen Sie ggf. nicht nur den Dialog mit Ihrem Kind, sondern professionelle Hilfe.

Check your drinking

Sein Trinkverhalten selbst überprüfen kann Ihr Kind mit dem Online-Angebot »check your drinking« auf dem Internetportal www.drug.com.de. Dieser Test kann unverbindlich und anonym ausgefüllt werden, gibt eine dezidierte Auswertung und bei Bedarf finden sich dort auch weitere Informationen zum Thema Alkohol und Drogen. Falls Sie genug über das Trinkverhalten Ihres Kindes wissen, können Sie den Test einfach an dessen Stelle ausfüllen.

Fragen, die in diesem Test vorkommen und auf ein Alkoholproblem hinweisen können, sind z. B.:

▌ Hat in letzter Zeit jemand (Freund, Verwandter, Arzt etc.) Bedenken wegen deines Trinkverhaltens geäußert oder gemeint, du solltest besser weniger trinken?

▌ Passiert es dir, dass du nicht mehr mit dem Trinken aufhören kannst, wenn du einmal angefangen hast?

- Hast du das Gefühl, dass du manchmal wegen des Trinkens Erwartungen von der Familie, den Freunden oder Lehrern nicht erfüllen kannst?
- Brauchst du morgens ein alkoholisches Getränk, um deinen Kater zu überwinden?
- Hast du manchmal Schuldgefühle oder Gewissensbisse wegen deiner Trinkgewohnheiten?
- Hast du manchmal einen Blackout, sodass du am nächsten Tag nicht mehr genau weißt, was passiert ist?
- Hast du dich oder eine andere Person schon mal unter Alkoholeinfluss verletzt?

RAFFT-Test

Mit diesem Test lässt sich der problematische bzw. riskante Umgang mit Alkohol grob einschätzen. RAFFT steht für relax, alone, friends, family, trouble (Entspannung, Alleinsein, Freunde, Familie, Ärger/Schwierigkeiten) – wichtige Faktoren, die den Alkoholkonsum beeinflussen oder durch ihn beeinflusst werden. Der Test ist erst bei Jugendlichen ab 14 Jahren aussagekräftig und deckt riskanten Konsum bei Jungen etwas besser auf als bei Mädchen.

1. Trinkst du manchmal Alkohol, weil du dich entspannen oder besser fühlen möchtest?
2. Trinkst du manchmal Alkohol, weil du dich dazugehörig fühlen möchtest?
3. Trinkst du manchmal Alkohol, wenn du alleine bist?
4. Trinkt jemand aus deinem Freundeskreis regelmäßig (mindestens einmal in der Woche) Alkohol?
5. Hat jemand aus deinem Familienkreis ein Problem mit Alkohol?
6. Hattest du schon mal ernsthaft Schwierigkeiten wegen deines Alkoholkonsums? (z. B. schlechte Zensuren, Ärger mit dem Gesetz oder den Eltern)?

Bereits zwei Ja-Antworten, besonders bei den Fragen 1, 3 und 6, können auf einen riskanten Konsum hindeuten.

Der Kurztest zeigt aber nicht nur, ob möglicherweise riskantes Trinken vorliegt, sondern gibt auch erste Hinweise darauf, wo die besonderen Problemfelder liegen und wo ein Gespräch vorrangig ansetzen sollte.

Alkohol ist ein Problem – jetzt handeln

INTERVIEW

Eltern kommen zu Wort

Als uns Nachbarn angesprochen haben, sie hätten Max grölend in der Fußgängerzone getroffen, haben wir das erst nicht geglaubt. Irgendwann war uns aber klar, wir müssen mit Max reden: Seine Noten wurden immer schlechter, er wurde zu Hause bei der kleinsten Kleinigkeit laut, immer aggressiv, seine Fußballklamotten rochen mehr nach Alkohol als nach *Eltern eines* Schweiß. Erst wollte er nicht mit uns reden, aber wir *16-jährigen Jungen* hatten uns vorher abgesprochen, wir bleiben ruhig, sagen, was wir wollen und warum. Ich hatte mich mit Freunden unterhalten, die wussten von einer kostenlosen Familienberatung. Da wollten wir hingehen und klären, warum offensichtlich zu Hause nicht mehr über Probleme gesprochen wird. Als Max klar war, dass das kein Vorschlag war, sondern unser Entschluss, hat er ganz anders reagiert, als wir dachten. Er fand die Idee gut und hat bei den Gesprächen dann auch mitgemacht. Wir haben dabei so einiges über uns erfahren und wissen jetzt, dass das Probieren von Alkohol für Max zwar im Moment wichtig ist, aber bei weitem nicht so wichtig, wie wir dachten.

Stellt sich in den Gesprächen mit Ihrem Kind heraus, dass Alkohol oder ein anderes Suchtmittel doch einen größeren Stellenwert einnimmt? Oder gab es einen Vorfall wie eine Alkoholvergiftung, der sich nachhaltig auf das familiäre Miteinander auswirkt? Ist Ihr Kind vielleicht betrunken in eine Verkehrskontrolle geraten oder war in eine Prügelei verwickelt? Auch wenn Sie professionelle Hilfe in Anspruch nehmen, findet ein großer Teil des familiären Miteinanders zuhause ohne fremde Menschen statt. Und da ist manchmal guter Rat teuer. Denn Sie werden eventuell feststellen, dass für Sie selbstverständliche Regeln in Frage gestellt werden, Sie Gespräche unterschwellig nach versteckten Bedeutungen abklopfen oder Sie Ihrem Kind einfach nicht mehr so vertrauen wie vorher.

Klare Haltung macht klare Köpfe

Bedenken Sie, Sie als Erwachsene und Erziehungsberechtigte »rahmen« die Freiräume für Ihr Kind. Freiraum ist für die Entwicklung Ihres Kindes unabdingbar, die Ausgestaltung allerdings obliegt Ihrer Verantwortung. Es ist Ihre Aufgabe, hier Verantwortung zu übernehmen und den Rahmen, in dem sich Ihr Kind bewegen kann, altersangemessen mitzugestalten.

Fragen Sie sich ganz ernsthaft und ehrlich: Was an Klarheit, Regeln und Vorgaben sind Sie als Erwachsener bereit vorzugeben? Was wollen Sie dann auch konsequent durchziehen? Und sind Sie auch bereit, sich dann möglichen »Diskussionen« zu stellen?

Besprechen Sie sich mit Ihrem Partner und eventuell auch mit Freunden oder professionellen Beratern. So wird es Ihnen leichter fallen, eine klare Haltung einzunehmen und diese auch durchzusetzen. Treten Sie dabei nicht in eine Art »Machtkampf« mit Ihrem Kind, sondern beziehen Sie auf der Grundlage von Informationen eine klare Position – das gilt nicht nur für das Thema Alkohol, sondern auch bei ganz alltäglichen Konflikten wie Hausarbeit, Schulbesuch, Ausgangszeiten, Taschengeld.

Sehen Sie sich und die Familie als einen wichtigen Teil des Lebensumfeldes Ihres Kindes: Die Familie ist der Ort, wo Konflikte entstehen können, aber auch gemeinsam angegangen werden können. Machen Sie sich immer wieder bewusst, dass mit zunehmendem Alter Ihres Kindes eher »Begleiten« statt »Erziehen« gefragt ist.

Gemeinsam – Position beziehen

Ihr Kind verbringt wahrscheinlich aufgrund seines Alters wenig Zeit bei Ihnen zuhause. Selbst wenn Sie und Ihr Partner gemeinsam an einem Strang ziehen und zuhause klare Regeln vorgeben, besteht die Möglichkeit, dass Ihr Kind in seinem Alltag Möglichkeiten findet, seine Vorstellungen umzusetzen, z. B. nach der Schule oder mit Sportfreunden zu trinken. Klären Sie mit Ihrem Kind, wie andere Eltern mit dem Thema Alkohol umgehen, wie die Regelungen in Schulen und Vereinen sind.

Informieren Sie Ihr Kind, dass Sie durchaus bereit sind, weitere Bezugspersonen wie Eltern von Freunden, Lehrer oder Trainer in Ihren Familienkonflikt einzubeziehen und sich deren Solidarität zu versichern. Legen Sie fest, welche Umstände Sie tolerieren und ab wann Sie aktiv werden.

Neu ins Gespräch kommen

In einer Krisensituation, in der Alkohol als Problem auftaucht, zeigt sich eventuell auch, dass Familiengespräche in letzter Zeit nur noch sehr selten oder sehr einseitig stattgefunden haben. Wie genau wissen Sie, was in Ihrem Kind vorgeht? Und umgekehrt gefragt: Weiß Ihr Kind wirklich, welche Sorgen und Gedanken Sie sich so machen? Sie stärken die Beziehung zwischen allen Beteiligten, indem Sie Gespräche auf

Wie gefährdet ist mein Kind?

Ein Experte kommt zu Wort

Der Lehrer Detlev Krüger arbeitet seit über 25 Jahren für die Hamburger Schulbehörde. Er unterrichtet in der Kinder- und Jugendpsychiatrie des Universitätsklinikums Hamburg-Eppendorf überwiegend Jugendliche, die aus verschiedenen Krankheitsgründen – psychiatrischen Erkrankungen, Suchterkrankungen, Essstörungen – nicht in ihre Stammschule gehen können.

Alkoholtrinken und Lehrer

Natürlich hat man als Lehrer gegenüber seinen Schülern eine Vorbildfunktion. Auf Klassenfahrten beispielsweise können nur die gesetzlichen Regelungen gelten. Das wird vorher genau besprochen und dann ist es auch folgerichtig, wenn ein Schüler, der sich nicht daran hält, nach Hause fährt. Man wird als Lehrer auch unglaubwürdig. Gemeinsam mit Schülern Alkohol trinken? Höchstens bei der Abschlussfeier ein Glas Sekt. Eine Fraternisierung zwischen Schüler und Lehrer halte ich für sehr fragwürdig, ein Lehrer sollte in keiner Situation zum Saufkumpel der Schüler werden.

Eltern und Alkohol

In einer Regelschule kann es mitunter auch schwierig sein, Eltern auf den Alkoholkonsum ihres Kindes anzusprechen. Man weiß ja nie, welchen Stellenwert Alkohol in der Familie hat. Ist das tägliche Trinken von Alkohol schon vormittags in der betroffenen Familie ganz normal? Wie wichtig ist das den Eltern?

Grundsätzlich kann man als Lehrer nur mit den Eltern, nie gegen ihren Willen etwas gegen den Alkohol- oder Rauschmittelkonsum eines Kindes unternehmen. Eltern glauben oft, sie können das allein zuhause klären. Oft muss man ihnen klarmachen, dass sie das ab einem gewissen Zeitpunkt nicht leisten können, weil sie viel zu nah am Geschehen sind, viel zu sehr emotional beteiligt sind. Jemand, der professionelle Distanz hat, ist bei Behandlung eines Suchtmittelkonsums dann geeigneter. Dabei haben Eltern oft Angst, dass ihnen ihr Kind entfremdet wird. Aber so verhält es sich nicht. Jemand Professionelles ist oft nur in der Lage, auch mal eine andere Seite zu zeigen.

Suchtmittelkonsum in der Schule

Wir haben hier in unserer Schule sicherlich eine besondere Situation. Wenn bei den Kindern, die wir unterrichten, ein Suchtmittelkonsum bekannt ist, wird die Reaktion darauf eine therapeutische sein, die mit den Mitarbeitern der Station abgestimmt sein wird. Die Lehrkräfte der Schule, die übrigens auch räumlich von den Stationen der Kinder- und Jugendpsychiatrie getrennt ist, können sich darauf konzentrieren, die individuellen Ressourcen eines Kindes herauszuarbeiten.

Schulunterricht muss man sich hier auch etwas anders vorstellen als den normalen Unterricht in einer Regelschule. Viele unserer Schüler haben schon längst für sich mit dem Thema Schule abgeschlossen, da geht es nicht darum, dass wir in den Wochen oder Monaten des Klinikaufenthalts bestimmte Seiten im Mathebuch durchackern, sondern dass ein Jugendlicher erst mal wieder seine Hemmungen und Aversionen gegen Schule abbaut und Interesse entwickelt, wieder etwas für sich zu lernen. Dazu gehört auch, pünktlich und in Straßengarderobe zum Unterricht zu erscheinen. Diese Entwicklung geht oft nicht von heute auf morgen, sondern man braucht einen langen Atem.

Kommt es doch mal vor, dass hier jemand betrunken oder high in der Schule auftaucht, ist der Unterricht an diesem Tag für diesen Schüler beendet. Jemand von seiner Station holt ihn ab, denn offensichtlich hat dieser Patient heute andere Sorgen als Schule.

Ehemalige betrunken antreffen
Mir ist das glücklicherweise noch nicht passiert. Das ist auch schwer zu ertragen, hat man doch bei jedem Schüler ein Stück weit die Hoffnung, dass so ein Rückfall nicht vorkommt. Käme es aber dennoch vor, könnte ich mir zwei verschiedene Reaktionen vorstellen. Wirkt derjenige zugänglich, treffe ich ihn z. B. allein und halbwegs ansprechbar, dann würde ich auf jeden Fall versuchen, ihn zu überzeugen, mit mir gemeinsam in die Drogenambulanz zu kommen. Ist derjenige allerdings in einer Gruppe, vielleicht auch noch laut grölend unterwegs, würde ich nur darauf hinweisen, dass er ja weiß, wo er mich bzw. uns findet und ihm eventuell noch eine Visitenkarte mitgeben.

»Augenhöhe« führen, respektvoll mit der Meinung Ihres Kindes umgehen (auch wenn es ganz andere, Ihrer Meinung nach falsche Ansichten vertritt) und Ihre Wünsche, Gedanken und Vorstellungen als Ich-Botschaften formulieren (»Ich habe das Gefühl«, »Mir ist wichtig«, »Bei mir kommt dein Verhalten so an, dass«).

Überlegen Sie, welche Themen außer Alkohol bei Ihnen zuhause eine Rolle spielen? Wem ist was wie wichtig? Was ist für Sie ein gelungenes Leben? Was ist Ihnen wichtig, was Ihrem Kind? Sie werden gerade im letzten Punkt große Diskrepanzen zwischen Ihren Werten und denen Ihres Kindes feststellen. Da gilt es zu klären, wo und wie Sie sich treffen können – und wo nicht. Versuchen Sie den gegenseitigen Konsens herzustellen, dass beide Seiten diese unterschiedlichen Standpunkte akzeptieren, ohne sie zwangsläufig billigen zu müssen.

Neue Absprachen finden

Welche Regeln gelten in Ihrer Familie hinsichtlich Alkohol? Sind diese Regeln sinnvoll, sollten sie geändert werden? Gelten diese Regeln für alle oder sind sie ganz offensichtlich nicht in sich schlüssig (»Wasser predigen, Wein saufen«)? Wie realistisch ist es, von Ihrem Kind zu erwarten, gar keinen Alkohol zu trinken? Passen Sie die bestehenden Regeln an die momentane Situation an, beziehen Sie Ihr Kind dabei ein Stück weit in die Absprachenänderung mit ein, erklären Sie, warum Sie welche Regel als sinnvoll erachten. Überlegen Sie sich, wie Sie Regeln durchsetzen können. Was passiert bei einem Regelbruch – egal von welcher Seite? Haben Sie keine Ideen für tragbare Konsequenzen bei Regelbruch, suchen Sie sich Hilfe bei einer Beratungsstelle.

Hinterfragen Sie auch andere Regeln in der Familie. Müssen eventuell auch andere Absprachen an das Alter Ihres Kindes angepasst werden? Haben Sie zuhause eine Umgebung geschaffen, in der Ihr Kind selbstständig werden darf? Oder erwarten Sie eventuell zu viel an Selbstständigkeit und überfordern Sie Ihr Kind damit?

Betrachten Sie die Familie als Gruppe, die Sie durch gemeinsame Unternehmungen stärken. Dazu zählen Aufgaben im Haushalt wie Putzen oder Einkaufen und Gartenarbeit genauso wie Sport, Wandern, Lesen, Musizieren, Kinobesuche etc.

Vertrauen wieder herstellen

Wie wirkt sich der Alkoholkonsum Ihres Kindes auf Ihr Vertrauen zu ihm aus? Was muss passieren, damit Ihr Vertrauen wieder zunimmt? Warum ist Vertrauen in einer Familie wichtig? Stellen Sie sich diesen Fragen und überlegen Sie gemeinsam mit Ihrem Partner, ob die Forderungen, die Sie an Ihr Kind stellen, realistisch sind. Machen Sie sich bewusst, dass Vertrauen nur in einem langsamen Prozess (wieder) aufgebaut wird. Und dieser Prozess kann Schwankungen unterworfen sein. Ihr Kind ist in einem Alter, in dem Verabredungen manchmal wegen irgendeiner Kleinigkeit als nicht so wichtig erachtet werden und Verlässlichkeit erst erlernt werden muss. Haben Sie also mit Ihrem Kind und sich Geduld. Überlegen Sie sich, wie Sie diese wackelige Vertrauensbasis stärken können. Vielleicht

INTERVIEW

Ein Jugendlicher kommt zu Wort

Ich bin mit 15 mal mit einer Alkoholvergiftung im Krankenhaus gelandet. War ein Ausrutscher, aber meine Eltern haben total überreagiert. Sie haben mir danach dem Kontakt mit meinen Freunden verboten, das Taschengeld gestrichen, ich musste immer genau sagen, wo ich hingehe. Sie haben mich nach Strich und Faden kontrolliert, ich hab mich wie im Knast gefühlt. Ich hab dann zu Hause gar nichts mehr erzählt und irgendwann bin ich einfach nicht mehr nach Hause gegangen. Stress gab es sowieso immer, da kam es auf den Krach auch nicht mehr an. Wir haben dann mit jemandem vom Jugendamt geredet, ich wollte von meinen Alten weg und irgendwo in eine WG ziehen. Nach ein paar Gesprächen in einer Beratungsstelle konnten wir uns dann auf einen Versuch einigen, ich bleib zuhause wohnen und sie sind wieder netter zu mir. Sie haben dann verstanden, dass ich von ihnen mindestens genauso enttäuscht war wie sie vor mir wegen dieses Ausrutschers. Ich denke, sie sind doch eigentlich die Erwachsenen, sie sollten besser wissen, was zu tun ist. Aber inzwischen weiß ich, dass wir alle was falsch gemacht haben.

Martin, 17 Jahre

liegt Ihnen eine Sportart wie Klettern. Dabei verbringt man den Tag miteinander, wird vom anderen wahrgenommen und dadurch, dass der eine den anderen sichert, steigt das gegenseitige Vertrauen immens.

Fragen Sie sich, woran Sie zukünftig Veränderungen im Vertrauensverhältnis erkennen werden. Daran, dass Ihr Kind Ihnen wieder mehr erzählt? Dass Sie miteinander mal wieder lachen können? Dass Sie sich nicht sofort sorgen, wenn Ihr Kind eine Stunde später nach Hause kommt?

85

Wo ist Ihr Kind gefragt

Ein Jugendlicher kommt zu Wort

In unserer Clique war es immer normal, was zu trinken, wenn man sich getroffen hat. Irgendwann haben einige von uns schon morgens vor der Schule was getrunken. Ich auch. So kam man besser drauf und die Lehrer waren besser zu ertragen. Mich hat dann irgendwann ein Lehrer angesprochen, es gab großes Tamtam mit meinen Eltern und sie haben mich zu einer Beratung geschleppt. Da ist mir dann aber aufgegangen, dass viele meiner Probleme, kein Bock auf gar nix und die Nervereien mit meinen Eltern eher zugenommen haben, seit ich so viel mehr trinke. Also war relativ bald klar, dass das mit Alkohol auf Dauer auch nicht wirklich hilft. Die Frau, mit der ich dort gesprochen habe, war echt nett. Sie hat mir geholfen, meinen Standpunkt gegenüber meinen Eltern klarzumachen. Die waren so froh, dass was passiert, dass sie das erste Mal seit Jahren zugehört haben. Wir kommen jetzt besser miteinander klar, sie gucken nicht mehr so mit Argusaugen, was ich mache. Dafür erzähle ich ein bisschen mehr von mir. Insgesamt kommen wir jetzt besser miteinander aus. Es war gut, mit dem vielen Trinken aufzuhören, ich hab jetzt auch wieder mehr Lust auf was anderes – auch wenn ich die Schule immer noch nicht so wirklich mag.

Marlen, 16 Jahre

Sie können Ihr Kind zwar darin bestärken, sein Verhalten zu ändern, aber langfristig wird sich nur dann etwas tun, wenn Sie gemeinsam an der Sache arbeiten. Sie können die Rahmenbedingungen zusammen verändern – aber Ihr Kind muss es für sinnvoll erachten, es muss sein eigener Entschluss sein, den riskanten Alkoholkonsum einzustellen oder mit Alkohol oder anderen Suchtmitteln in Zukunft verantwortungsbewusster umzugehen. Nur so wird es engagiert Alternativen ausprobieren, in Problemsituationen Hilfsangebote wahrnehmen und seine neugewonnenen Fähigkeiten dauerhaft wertschätzen.

Hilfe suchen und finden

Ihr Kind ist gewillt, etwas gegen seinen Alkoholkonsum zu unternehmen? Am wichtigsten ist es jetzt, seine Motivation zu erhalten und zu stärken. Das tun Sie in der Familie am ehesten, in dem Sie Ihrem Kind das Gefühl geben, es so wie es ist zu akzeptieren und auch Rückschläge gemeinsam tragen. Überlegen Sie, was für Sie ein Rückschlag darstellt. Ist es wirklich so schlimm, wenn Ihr Kind einmal angetrunken nach Hause kommt? Ist es nicht ungleich bedenklicher, wenn es sich wieder in sein Schneckenhaus zurückzieht und die Kommunikation einstellt?

Unterstützen Sie Ihr Kind auf der Suche nach einer Beratungsstelle, machen Sie Angebote, stellen Sie aber keine Forderungen. Wie gesagt – Ihr Kind muss wollen, nicht Sie.

Zwar gibt es in einigen Großstädten spezielle Programme und Beratungsstellen für Jugendliche mit Suchtmittelkonsum, an denen Betroffene auch teilnehmen können, wenn sie nicht stationär behandelt werden. Doch das ist die Ausnahme. Eigentlich existieren für Jugendliche auch keine Selbsthilfegruppen wie z. B. die Anonymen Alkoholiker. Alternativ können Sie zusammen mit Ihrem Kind überlegen, ob es nicht sinnvoll wäre, etwas in einer Gruppe zu unternehmen, in der das Trinken von Alkohol nicht im Vordergrund steht.

Ein Jugendlicher kommt zu Wort

Ich hab nach mehreren Gesprächen beim Psychologen gemerkt, dass es mir guttut, mit jemandem zu sprechen. Gemeinsam haben wir überlegt, was mir auch nach der Beratung noch hilft, weniger zu trinken. Ich wollte in Zukunft mehr mit Leuten machen, für die Alkohol nicht so superwichtig ist und die vielleicht auch wissen, warum Alkohol für mich nicht so superwichtig sein sollte. Meine besten Freundinnen waren sofort dafür, zur Abwechselung mal was Alkoholfreies zu machen. Wir gehen jetzt zum Frauenboxen, das ist bei uns gerade total angesagt und klasse gegen Aggressionen. Danach sind wir oft so aufgeputscht, dass wir uns wegen irgendwelchem Unsinn tot lachen können. Die Jungs finden uns ganz schön cool und nennen uns das Lara-Croft-Trio.

Kati, 17 Jahre

INTERVIEW

Auswege –
im Notfall und danach

Absturz – und dann?

In der Regel wird Ihr Kind seine Erfahrungen mit Alkohol oder anderen Suchtstoffen ohne Sie machen wollen. Doch wann bekommen Sie mit, ob und wie Ihr Kind oder Freunde Ihres Kindes mit Alkohol umgehen?

Über einen leicht angetüdelten Zustand können Sie vielleicht noch mit einem lachenden Auge hinwegsehen, doch andere Folgen sind durchaus ernsthaft. Das können Konflikte mit der Schule, in der Ausbildung oder mit dem Gesetz sein. Doch richtig fassbar – und nicht mehr wegdiskutierbar – wird der zu leichtfertige Umgang mit Alkohol meist erst, wenn es Ihrem Kind oder einem Freund unter Alkoholeinfluss körperlich richtig schlecht geht und Sie damit konfrontiert werden:

- Sie sehen Ihr Kind mit Ihren eigenen Augen (wenn es z. B. betrunken nach Hause kommt und seinen Zustand falsch einschätzt, nämlich glaubt, Sie merken nichts von seinem Alkoholkonsum).
- Ihr Kind erzählt Ihnen im Nachhinein von einer Feier, bei der ein Freund so betrunken war, dass sich alle Sorgen gemacht haben und nicht wussten, was sie tun sollten.
- Es gibt weitere Möglichkeiten, z.B. »Ein Freund/Verwandter/Lehrer spricht Sie an, dass er Ihr Kind betrunken und randalierend auf der Straße/Schulhof etc. gesehen hat.«
- Sie als Erziehungsberechtigte werden von der Polizei oder der Krankenhausambulanz über den Zustand oder die Taten Ihres betrunkenen Kindes informiert und müssen Ihr Kind in Krankenhaus oder Revier abholen.

Reagieren statt wegsehen

Grundsätzlich sollte Ihr Kind bereits schon bei »kleineren Vorfällen« merken, dass sein Alkoholkonsum nicht unbemerkt bleibt und Konsequenzen hat: Sprechen Sie also Ihr Kind am nächsten Tag auf seinen alkoholisierten Zustand vom Vorabend an. Anders sieht es aus, wenn Sie bereits abends das Gefühl haben, dass Ihr Kind einen handfesten Rausch hat. Es weiß dann z.B. nicht, wie es nach Hause gekommen ist, es erbricht oder Sie haben einfach Angst, die

Eine Familie kommt zu Wort

»Ich bin aufgewacht und wusste überhaupt nicht, was los war. Ich lag auf einer Trage und stand in einem Flur. Dann kam ein Arzt vorbei und sah, dass ich wach war. Er hat dann einige Tests mit mir gemacht und mir erzählt, dass ich wohl einfach so umgefallen bin und nicht mehr reagiert habe. Jemand hat einen Krankenwagen gerufen und mich ins Krankenhaus gebracht. Sie hatten meinen Promillewert gemessen und der war bei eins Komma sieben. Das ist wohl ziemlich viel. Ich wusste nicht mehr, dass ich so viel getrunken hatte.

Sie haben dann meine Eltern angerufen, voll peinlich. Meine Hose war vollgepinkelt, der Arzt hat erklärt, dass das häufig passiert, wenn man bewusstlos ist. Ich hatte mich auch übergeben, das hat jemand mit meinem Handy fotografiert – voll krasse Aufnahme, supereklig, überall Kotze, das sah gar nicht aus wie ich. Eine Nadel hatte ich auch im Arm, die haben mir irgendeine Infusion gegeben.«

»Der Anruf kam um elf Uhr Samstagabend. Mein Mann und ich hatten uns schon erschrocken, weil so spät noch das Telefon klingelte. Eine Frau stellte sich als Schwester Karin aus dem Nordkrankenhaus vor, sie war relativ freundlich und erklärte, dass vor einer halben Stunde Sascha mit einer Alkoholvergiftung bei ihnen eingeliefert worden sei. Wir sollten uns aber keine Sorgen machen, es würde ihm relativ gut gehen. Er müsse heute Nacht im Krankenhaus bleiben, das wäre aber eine reine Vorsichtsmaßnahme, es würde reichen, wenn wir morgen früh vorbeikämen, um ihn abzuholen.

Wir fuhren natürlich trotzdem sofort hin, das Krankenhaus ist auch nur 20 Minuten entfernt. Sascha lag in einem Bett im Aufnahmebereich und hatte ein weißes Krankenhaushemd an. Seine Haare waren an seinem Kopf angeklebt, seine Augen ganz glasig, er redete sehr laut. Und außerdem hatte er auch noch Erwachsenen-Pampers an. Es war furchtbar, ihm war ganz offensichtlich peinlich, dass wir da waren, aber ich habe mir solche Sorgen gemacht. Etwas später kam der Arzt und sagte, er würde gern morgen mit uns dreien etwas ausführlicher sprechen, wenn Sascha wieder nüchtern wäre. Er gab uns Saschas Kleidung mit, die roch sehr unangenehm, wir sollten am nächsten Morgen neue Sachen mitbringen. Daran hatte ich nicht gedacht.

Ich musste auf dem Nachhauseweg die ganze Zeit weinen und hab mich gefragt, was ich nur falsch gemacht habe. Früher war Sascha so fröhlich.«

Sascha, 17 Jahre

Saschas Mutter

INTERVIEW

Absturz – und dann?

Situation zuhause nicht kontrollieren zu können. Bringen Sie Ihr Kind in eine Krankenhausambulanz oder rufen Sie den Notarzt – im Extremfall kann eine Alkoholvergiftung tödlich enden. Haben Sie also keine Bedenken »überzureagieren« – stehen Sie zu den Sorgen, die Sie sich um Ihr Kind machen.

Doch auch wenn Ihr Kind von einer Feier erzählt, auf der sich ein anderer Jugendlicher offensichtlich hemmungslos betrunken hat, wird eine angemessene Reaktion Ihrerseits maßgeblich dazu beitragen, dass Ihr Kind das nächste Mal weiß, wie es helfen kann und was an dieser Situation so gefährlich ist.

Übrigens: Kompliment an Sie, wenn Ihr Kind Ihnen von solchen Erlebnissen erzählt. Es zeugt von gegenseitigem Vertrauen, dass es keine negativen Folgen fürchtet, sondern von Ihnen eine Hilfestellung erhofft. Diese Erwartungshaltung enttäuschen Sie nicht, wenn Sie Ihrem Kind ohne Vorwurf die Gefahren von übermäßigem Alkoholkonsum schildern, erklären, wie man eine Alkoholvergiftung erkennt und was dann zu tun ist.

Wie sich eine Alkoholvergiftung äußert

Je mehr Alkohol man trinkt, desto höher wird der Blutalkoholspiegel. Eine Richtlinie für »ungefährlichen« Alkoholkonsum, an denen man sich orientieren könnte, gibt es leider nicht. Denn die Aufnahme von Alkohol und seine Wirkung im Körper hängt von vielen Faktoren ab, niemand kann sagen »nach 3 Bier droht eine Alkoholvergiftung«. Bei jedem wirkt Alkohol anders, das auch noch je nach Tagesform und je nachdem, wie man an den Konsum gewöhnt ist.

Grundsätzlich gilt, dass sich die Alkoholwirkungen mit steigender Blutalkoholkonzentration verändern. Relativ harmlos ist noch das **Erregungsstadium** mit Redseligkeit, Flapsigkeit, einem gestörten Gleichgewicht, einer verminderten Schmerzwahrnehmung und einer leicht undeutlichen Sprache. Bereits gefährlicher ist das **Hypnosestadium**. Gefährlich deshalb, weil hier das Bewusstsein bereits deutlich eingeschränkt ist. Eventuell treten Aggressivität, Koordinationsstörungen wie Torkeln, auch Artikulationsstörungen (Lallen) auf und der Alkoholisierte erinnert sich nicht mehr an alles – es kommt zur Amnesie. Wird jetzt noch weitergetrunken, wird dem **Narkosestadium**, dem Alkoholrausch, der Weg gebahnt. Es kommt zur Bewusstlosigkeit, die mehr oder weniger rasch in einen Schockzustand übergehen kann. Folge ist der tödliche Zustand

Wussten Sie schon, dass ...

- sich in den letzten 8 Jahren die Anzahl von Jugendlichen, die mit Alkoholvergiftung im Krankenhaus behandelt werden mussten, verdoppelt hat? Inzwischen sind es bei den unter 20-Jährigen fast 4000 im Jahr – das sind so viele Menschen, wie in ein Festzelt auf dem Oktoberfest passen.

- bei Kindern und Jugendlichen schon bei Promillewerten von 1,4 bis 1,9 Bewusstlosigkeit auftreten kann. Bei Erwachsenen liegt der Richtwert zwischen 2 und 3 Promille, ist also doppelt so hoch. Konkret bedeutet das, dass im ungünstigsten Fall bereits 4 bis 5 Bier gefährlich werden – was ja beim Binge-Drinking eine normale Alkoholmenge darstellt.

der **Asphyxie**, in dem Pulslosigkeit, Atemstillstand, Koma und Unterkühlung auftreten.

Problematisch ist beim massiven Alkoholkonsum immer, dass der Zustand, den man gerade an einem Alkoholisierten betrachtet, nicht der »Endzustand« sein muss. Das Trinken von noch mehr Alkohol, während man sich noch in der »ungefährlicheren« ersten Phase befand, führt innerhalb von kurzer Zeit zu noch höheren Alkoholspiegeln im Blut. Das heißt konkret: Jemand ist gerade noch durch die Gegend getorkelt (Hypnosestadium), dann zusammengebrochen (Narkosestadium) und steuert jetzt aber ohne Gegenmaßnahmen möglicherweise auf den Tod zu. Schnelle Hilfe ist gefragt.

Erste Hilfe – was jetzt sinnvoll ist

Zuerst muss geklärt werden, ob der Betroffene ansprechbar ist. Kann er Angaben zu sich und über seinen Zustand machen? Weiß er, wie er heißt, wo er ist, welcher Wochentag heute ist und warum es ihm so schlecht geht?

Basics
Erklären Sie Ihrem Kind, dass es in so einer Situation mit lauter, aber ruhigen Stimme sprechen und sich auch nicht davon irritieren lassen sollte, wenn der oder die Betroffene aggressiv auf die Ansprache reagiert. Meist tendieren Betrunkene dazu, ihren Zustand herunterzuspielen oder zu überspielen.

93

Absturz – und dann?

Sie behaupten, dass sie gar nicht so viel getrunken haben, dass alles in Ordnung sei und man sie in Ruhe lassen solle. Sie sind häufig ungeduldig und/oder unterschwellig aggressiv – Ihr Kind soll ruhig bleiben und sich idealerweise auf keine Diskussionen einlassen.

Wichtig ist, selbst jemanden, der noch auf Ansprache reagieren kann – und sei es auch aggressiv –, auf keinen Fall alleine zu lassen, denn sein Zustand kann sich schnell ändern, v.a. verschlechtern. Erklären Sie Ihrem Kind, dass Jugendliche anders auf Alkohol reagieren als Erwachsene. Bereits geringere Mengen führen zu einer gefährlichen Alkoholvergiftung, ganz häufig tritt erst kaum eine Wirkung, dann aber ganz schnell eine massive Wirkung ein.

Ruhe und Aufsicht an einem sicheren Ort wären am besten. Sensibilisieren Sie Ihr Kind dafür, dass bei Party-Hopping, wenn also alle mehrfach die Örtlichkeiten wechseln, Sorge getragen wird, dass besonders die stark Angetrunkenen nicht unter Fremden zurückbleiben – so sind in der Clique alle dafür verantwortlich, dass auch jemand mit einem Rausch sicher nach Hause kommt.

Den Notarzt rufen

Ist jemand desorientiert, d.h., weiß er weder, wo er ist noch welcher Tag heute ist, kann jemand nicht mehr sprechen oder ist ohnmächtig, muss man umgehend einen Notarzt oder Krankenwagen (**Rufnummer 112**) rufen. Auch Übelkeit und Erbrechen sind in stark angetrunkenem Zustand lebensgefährlich – schon so mancher ist im Rausch am eigenen Erbrochenen erstickt. Machen Sie Ihrem Kind klar, dass es durch seine Initiative verhindert, dass jemand Fremdes die Polizei ruft (denn viele rufen statt der 112 die 110 an und meinen, dass sich die Polizei dann schon kümmern wird). Wenn Ihr Kind die Polizei außen vor halten möchte, sollte es selbst schnell die 112 wählen.

So viel Verantwortung zu übernehmen, ist ein wichtiger Knackpunkt. Viele Jugendliche haben genau davor Angst. Besonders weil es heute viel weniger anonyme Notrufsäulen gibt, Mobilfunknummern aber auf dem Display erkennbar und zuzuordnen sind, wollen sie keinen Notruf tätigen. Verständlich – aber das hilft jemandem in Lebensgefahr nicht. Weisen Sie Ihr Kind darauf hin, dass es sicherlich heilfroh wäre, wenn jemand anderes den Notarzt ruft, wenn es nach einem Verkehrsunfall blutend am Straßenrand liegt – eine Alkoholvergiftung ist auch solch ein Notfall. Die Sanitäter überprüfen die lebenswichtigen Körperfunktionen (Vitalwerte) und den Zustand des Betrunkenen und nehmen ihn ggf. ins

Krankenhaus mit. Sollte das nicht nötig sein, muss geklärt werden, wer sich die nächsten Stunden um den Betroffenen kümmert und bei ihm bleibt.

Warum die Polizei kommt

Häufig wird zusätzlich zum Krankenwagen/Notarzt auch die Polizei verständigt. Besonders wenn der Betrunkene hilflos ist, keine Angabe zur eigenen Person machen kann, aber auch bei aggressivem Verhalten, Randalieren und Ruhestörung, ist die Polizei oft schnell vor Ort – und sei es nur, um die Personalien aufzunehmen und einen Alkoholtest zu machen. Bei Jugendlichen unter 18 werden dann die Eltern verständigt, die ihre Kinder abholen müssen – bei wenig alkoholisiertem Zustand vor Ort oder auf dem nächsten Polizeirevier, ansonsten im Krankenhaus.

Was in der Klinik passiert

Bereits nach Eintreffen des Krankenwagens oder Notarztes werden die Vitalwerte kontrolliert und ggf. unterstützt. Im Krankenhaus läuft dann ein Programm zur Akutversorgung an. Meist schließt sich dann am nächsten Tag oder wenn es dem Betroffenen wieder besser geht, ein Gespräch über den ganzen Vorfall an.

Akute Lebensgefahr abwenden

In erster Linie geht es bei einer Alkoholvergiftung darum, die Atmung und den Kreislauf aufrechtzuerhalten. Besonders wenn das Bewusstsein nur noch eingeschränkt mitspielt, ist das oft nur auf der Intensivstation möglich.

- Zur Kreislaufunterstützung werden Infusionen gegeben, die oft auch Glukose, also Zucker, enthalten. Das ist notwendig, weil Alkohol verhindert, dass in der Leber ausreichend Glukose gebildet wird, Glukose aber im Gehirn und auch in anderen Organen als Energielieferant benötigt wird.
- Liegt die Alkoholaufnahme noch nicht lange zurück und besteht der Verdacht, dass neben dem Alkohol auch andere Substanzen aufgenommen wurden, wird evtl. eine Magenspülung durchgeführt.
- Sauerstoff über einen Nasenschlauch unterstützt die Atmung, oft muss ein Betroffener auch intubiert, also künstlich beatmet werden, da nur so gewährleistet wird, dass Erbrochenes nicht in die Luftröhre und Lungen gelangt und im Körper genügend Sauerstoff ankommt.

Absturz – und dann?

- Zur Kontrolle werden wiederholt Blutalkoholtests durchgeführt. Sie zeigen den aktuellen Promillewert im Blut an, wichtiger ist insgesamt aber der klinische Gesamteindruck des Betrunkenen.

Oft lassen sich die Folgen einer Alkoholvergiftung mit diesen Maßnahmen erfolgreich bekämpfen, allerdings hängt aber der glimpfliche Ausgang stark davon ab, zu welchem Zeitpunkt fachkundige Helfer erste Maßnahmen ergreifen.

Wie lange Ihr Kind im Krankenhaus bleiben muss, ist von Stadt zu Stadt und selbst dort von Krankenhaus zu Krankenhaus unterschiedlich – und hängt natürlich auch vom Gesundheitszustand Ihres Kindes ab. Manche Häuser entlassen ihre halbwegs aufgeklarten Patienten bereits nach einigen Stunden in die Obhut ihrer Eltern, andere behalten sie wenigstens bis zum nächsten Morgen da, um dann in Ruhe ein erstes Gespräch über Alkohol und seinen Gebrauch zu führen. Bei bedrohlicherem Verlauf kann es bis zur Genesung auch eine Woche oder länger dauern – das ist glücklicherweise selten.

Leider hat die erfolgreiche Behandlungskaskade in der Klinik auch einen Nachteil: Wenn jemand während einer Alkoholvergiftung eine Glukoseinfusion erhält, treten die unangenehmen Rauschnachwirkungen wie Kopfschmerzen und Katergefühle häufig nur abgeschwächt oder gar nicht auf. Auf Jugendliche wirkt das dann häufig so, als ob die Darstellung, welche dramatischen Folgen ihr Alkoholkonsum hätte haben können, stark übertrieben wirkt, denn sie erleben nur »verharmloste« Folgen der Alkoholvergiftung.

Wie es weitergeht

Sobald es Ihrem Kind besser geht, besteht in vielen Krankenhäusern die Möglichkeit zu einem Beratungsgespräch.

Verschiedene Ansprechpartner

Die Ansprechpartner von Seiten des Krankenhauses sind unterschiedlich – mal ein Arzt, jemand vom Pflegepersonal oder ein Psychologe oder Sozialarbeiter. Leider gibt es kein einheitliches Vorgehen, einige Kliniken haben einen Notfallplan für alkoholisierte Jugendliche, oft existiert jedoch kein spezielles Prozedere. Sie werden sich dann nicht nur ziemlich allein gelassen fühlen mit Ihren Sorgen, sondern eventuell sogar noch kritische Blicke ernten, wenn Sie Ihr Kind abholen.

Sprechen Sie auf jeden Fall mit dem behandelnden Arzt: Jede Klinik hat einen Sozialdienst, mit dem Sie einen Termin vereinbaren können. Dessen Mitarbeiter werden Ihnen zu Alkohol und

TIPPS FÜR DEN ALLTAG

Mein Kind ist im Krankenhaus – was nun?

Sie wollen Ihr Kind einerseits sofort sehen, andererseits wissen Sie nicht genau, was Sie sagen sollen:

▪ Vorhaltungen, Vorwürfe und lautstarke Kritik helfen in dieser Situation nicht weiter. Zwar sind sie kurzfristig für Sie ein Ventil, um Ihre Wut und Angst loszuwerden. Konstruktiv sind sie jedoch nicht und verhindern, dass Sie mit Ihrem Kind gemeinsam über die Hintergründe für diesen massiven Alkoholkonsum sprechen können.

▪ Besprechen Sie sich hinsichtlich einer Gesprächsstrategie auch mit Ihrem Partner.

▪ Fahren Sie am besten zu zweit ins Krankenhaus, dann hat niemand einen Gesprächsnachteil, Ihr Kind sieht, dass Sie sich beide Sorgen machen.

▪ Sprechen Sie kurz über Ihre Gefühle, sagen Sie Ihrem Kind, dass Sie sich sehr erschrocken haben und froh sind, dass Sie alle mit dem Schrecken davon gekommen sind.

▪ Verständigen Sie sich mit Ihrem Kind darauf, dass Sie nach dem Krankenhausaufenthalt in ruhiger Atmosphäre über den ganzen Vorfall sprechen werden.

▪ Nehmen Sie Wechselwäsche mit, am besten gleich zweimal für den Fall, dass Ihr Kind sich doch noch mal übergeben muss. Denken Sie auch an Schuhe.

anderen Suchtmitteln die wesentlichen Informationen geben und mit Ihnen ausführlich besprechen, was Ihnen und Ihrem Kind weiterhelfen könnte. Anders sieht es in Kinderkliniken aus: Dort wird häufig Wert darauf gelegt, dass sich noch während des Krankenhausaufenthaltes Ihres Kindes und zwar direkt nach dem Wochenende der Klinikpsychologe oder Sozialarbeiter am Gespräch beteiligt.

Gesprächsstoff

Während des Gesprächs wird geklärt, was genau vorgefallen ist. Liegt erstmalig solch eine Situation vor oder ist es schon häufiger zu einer Krankenhauseinlieferung gekommen? Wie sieht es insgesamt mit dem Trinken von Alkohol aus? War das das erste Besäufnis Ihres Kindes oder trinkt Ihr Kind mit Freunden schon mal häufiger etwas, aber normalerweise nicht so viel? Ihnen und Ihrem Kind werden die medizinischen Aspekte des Alkoholkonsums aufgezeigt, die Problematik einer Alkoholvergiftung und die erfolgte Behandlung erklärt.

Der Fachmann möchte in diesem Gespräch außerdem klären, ob Ihrem Kind wirklich nur ein Ausrutscher passiert ist oder ob es Alkohol als Problemlöser einsetzt – in diesem Fall kann er Ihnen verschiedene Hilfsangebote vor Ort aufzeigen, um dieser Problematik auf den Grund zu gehen.

Unangenehme Situation
Sowohl Ihnen als auch Ihrem Kind wird diese ganze Situation vermutlich unangenehm sein: Ein ernst schauender Arzt in der Klinik ist schon bei anderen, alltäglicheren Problemen belastend. In diesem speziellen Fall kommt noch ein Schamgefühl hinzu – denn »Familienprobleme« werden nach außen hin, für Fremde sichtbar.

Eltern reagieren in so einer Situation sehr unterschiedlich: Die einen bagatellisieren das ganze Problem (»Ach, da hat meinem Jungen jemand was ins Bier gemischt, wir waren doch auch mal jung«), andere sind überbesorgt (»Ist mein Kind jetzt ein Alkoholiker, bleibt auch wirklich kein Schaden zurück?«). Wieder andere nehmen diesen Vorfall zum Anlass, um erstmalig in der Familie über das Thema Alkohol und bereits im Vorfeld aufgetretene Schwierigkeiten zu sprechen.

Nicht allein
Nehmen Sie das Gespräch als ein Angebot wahr, um in Ruhe zu sehen, wie sich Ihre individuelle Situation darstellt, um Ihre Ängste abzubauen und miteinander zu kommunizieren.

Da es sich meist um einen einmaligen Vorfall handelt, der sich in der einen Situation gut auch in der Familie klären lässt, wird meist dieses eine Gespräch ausreichen. Sollte mehr Unterstützung nötig sein, können Sie sich an einen Klinikpsychologen oder eine Beratungsstelle wenden, vielleicht Ihre Erziehungsmethoden mit einer professionellen Erziehungsberatung überprüfen. Das bleibt natürlich Ihnen überlassen.

Wichtig ist, dass Sie und vor allem auch Ihr Kind nicht mit dem Thema Alkohol allein gelassen werden und dass Sie merken, es ist absolut legitim und angebracht, sich entsprechende Hilfe zu suchen.

Die Tage danach
Der gesamte Vorfall wird Ihr Kind und Sie sicher auch noch in den folgenden Tagen und Wochen beschäftigen.

Was Ihr Kind sagt und denkt
Auch wenn Ihr Kind vielleicht den starken Mann markiert oder den gesamten Vorfall verharmlosen will, so wird es doch ein ziemlicher Schreck gewesen sein, sich beim Aufwachen im Krankenhaus oder bei der Polizei in der Ausnüchterungszelle wiederzufinden. Betroffene haben oft sehr bildhafte Erinnerungen ans Wiederaufwachen und an ihre Orientierungs- und Hilflosig-

keit, reden aber nicht gern über diese verletzliche und unangenehme Seite.

Ihrem Kind ist klar, dass es sich maßlos selbst überschätzt hat und möchte diese Situation, in der es total auf andere angewiesen war, gern schnellstmöglich vergessen. Das kann mit ein Grund sein, warum es ihm schwer fallen könnte, über den Vorfall mit Ihnen oder anderen zu reden – auch wenn sich ein zartes Stimmchen gern verstanden fühlen würde und froh wäre, Hilfe zu bekommen. Hier ist Ihr sensibler Umgang mit dem Thema gefragt.

Scham und Schuld

Sicherlich gehört der Tag, an dem Ihr Kind wegen einer Alkoholvergiftung ins Krankenhaus eingeliefert wird, zu den »schwarzen Tagen« der jüngeren Familiengeschichte. Sie sind wahrscheinlich sehr erschrocken und fragen sich, was Sie falsch gemacht haben oder was Sie anders hätten machen können. Vielleicht kennt man irgendjemanden mit einem wie auch immer gearteten Suchtproblem und man zieht unwillkürlich Parallelen.

Nöte und ... Außerdem kann es unangenehm und peinlich sein, dass ein Problem außerhalb der Familie auftritt – ein Mitglied Ihrer Familie hat sich quasi für andere sichtbar »daneben benommen«. Sie haben wahrscheinlich das Gefühl, dass Ihr Versagen hochoffiziell wird

und Ihre elterlichen Erziehungsmethoden und Kompetenzen auf dem Prüfstand stehen. Besonders wenn auch noch die Polizei oder das Jugendamt im Spiel war, sind Sie vermutlich auch nicht sicher, ob dieser öffentliche »Ausrutscher« Ihres Kindes irgendwo aktenkundig wird, bei der Polizei, dem Jugendamt? Eine Meldung ans Jugendamt ergeht in der Regel bei Jugendlichen, die noch keine 16 Jahre alt sind.

Diese Gedanken sind legitim – doch vergegenwärtigen Sie sich, dass Ihr Kind mindestens genauso erschrocken und peinlich berührt ist. Verbalisieren Sie Ihre Gefühle auch gegenüber Ihrem Kind, so kann es besser verstehen, was in Ihnen vorgeht und es fällt ihm vielleicht leichter, über die eigenen Gedanken und Emotionen zu sprechen.

Chancen. Dieser Rausch hat bei Ihrem Kind sicher einen intensiven Eindruck hinterlassen und auch Gefühle von Hilflosigkeit, vor allem wenn es sich auch nach Tagen noch nicht erinnern kann, was genau in der Nacht passiert ist. Zu diesem Zeitpunkt ist es Hilfe von außen aufgeschlossener – auch und gerade von Ihnen, selbst wenn Ihr Verhältnis ansonsten eher angespannt ist.

Jetzt sind Sie gefragt: Nutzen Sie diese Chance, machen Sie sich ein Bild davon, wie es Ihrem Kind geht, ob der leichtfertige Umgang mit Alkohol wirklich nur ein Ausrutscher war, weil Ihrem Kind die möglichen Folgen unklar waren, oder ob Alkohol bewusst als Problemlöser eingesetzt wird – welche Rolle spielt der Alkohol im Leben Ihres Kindes?

Überlegen Sie gemeinsam, was Sie aus dem Vorfall lernen. Welche Konsequenzen ergeben sich für Ihre innerfamiliäre Kommunikation? Sehen Sie diesen Absturz eventuell als Zäsur, um sich mehr und anders als bisher miteinander zu beschäftigen – vor allem helfen Sie Ihrem Kind, in Zukunft anders mit Alkohol umzugehen. Dazu ist es möglicherweise sinnvoll, die Gründe für das Alkoholtrinken genauer unter die Lupe zu nehmen.

Hilfe suchen – wo anfangen?

Sie vermuten oder wissen, dass Ihr Kind ein Problem mit Alkohol hat? Und Sie möchten sich zu dem Thema Alkohol und Missbrauch nicht nur informieren, sondern Sie suchen jemanden, der Ihnen bei der Auseinandersetzung mit diesem Thema behilflich ist?

Es muss nicht die Alkoholvergiftung sein, mit der Ihr Kind im Krankenhaus landet – auch wenn dieser Anlass sicher am drastischsten zeigt, dass Hilfestellung benötigt wird. Vielleicht machen Sie sich auch nur Sorgen um Ihr Kind und seinen Alkoholkonsum, der zwar nicht vor Ihnen stattfindet, dessen Menge Sie deshalb auch nicht gut einschätzen können, von dessen Existenz Sie aber wissen – und Gesprächsversuche Ihrerseits werden von Ihrem Kind glatt abgebügelt. Was tun?

Wo Informationen beschaffen

Sie haben grundsätzlich mehrere Möglichkeiten, sich professionelle Hilfe zu holen. Im **direkten Gespräch** können Sie Ihren Haus- oder Kinderarzt um Rat fragen, er weiß sicher, an wen man sich bei Ihnen vor Ort wenden kann. Er unterliegt der Schweigepflicht und wird Ihre Sorgen nicht weitertragen. Ob Sie sich einem Lehrer Ihres Kindes anvertrauen, hängt von Ihnen ab – viele Eltern befürchten einen Nachteil bei der Behandlung Ihres Kindes und möchten Lehrer ungern mit persönlichen Problemen konfrontieren. Haben Sie zu einem bestimmten Lehrer ein gutes Vertrauensverhältnis, kann das aber für Sie trotzdem der richtige Weg sein – immerhin kennt ein Lehrer Ihr Kind auch ein wenig und kann sein Verhalten mit einschätzen.

Wenn Ihnen dieser Weg zu persönlich ist, ist auch eine **telefonische Kontaktaufnahme** mit einer der vielen psychosozialen Beratungsstellen möglich: Rufen Sie das Gesundheitsamt, die Jugendhilfe, die Caritas, das Blaue Kreuz, die Telefonseelsorge, eine der Drogennotrufnummern oder Beratungszentralen an. Schlagen Sie im Telefonbuch einfach unter »Sucht« oder »Drogen« nach, dort finden Sie einen Ansprechpartner, der Sie an die richtige Stelle verweist. Diese Methode hat den Vor-

Hilfe suchen – wo anfangen?

teil, dass sie unpersönlicher ist und Sie im Hintergrund oder zu Beginn sogar anonym bleiben können. Ihre kompetenten Ansprechpartner wollen weder Ihren Namen noch Ihre Anschrift wissen, sondern Ihnen Informationen geben und Ihre Sorgen lindern. Vielen Menschen hilft diese Anonymität, um über ihre privaten Ängste zu sprechen.

Liegt Ihnen das Telefonieren nicht, finden Sie auch Hilfe im **Internet**. Viele professionelle Beratungseinrichtungen haben Hotline, Mail-Kontaktadressen oder eine Chatroom-Funktion mit einem Berater aus Fleisch und Blut, der zu bestimmten Zeiten Fragen im Netz beantwortet. So können Sie sich gezielt informieren und umschiffen verschiedene Kommunikationsklippen, wenn Sie mit Ihrem Kind ein erstes Gespräch über seinen Alkoholkonsum führen. Gute Internetseiten sind u.a. www. bist-du-staerker-als-alkohol.de, www. drugcom.de, www.bzga.de, www.das-beratungsnetz.de, www.caritas.de, www.blaues-kreuz.de – diese Liste ist keineswegs vollständig und zeigt nur die Vielfalt an Hilfsmöglichkeiten auf.

Daneben gibt es viele **Informationsbroschüren**, **Fachartikel** und einige **Bücher**, die Ihnen Hilfestellung geben können.

Wichtig ist der Inhalt

Sollten Ihnen diese Informationen nicht reichen, wird man Sie eventuell an eine professionelle Beratungsstelle verweisen, in deren Namen das Wort »Sucht« oder »Drogen« vorkommt. Das bedeutet nicht, dass derjenige, den Sie um Rat gefragt haben, anhand Ihrer Schilderung davon ausgeht, dass Ihr Kind ein Suchtproblem hat. Professionelle Beratungsstellen sind in der Regel auf eine bestimmte Zielgruppe und auf ein bestimmtes Thema spezialisiert. Und das beinhaltet die Information und Beratung hinsichtlich eines Genuss- und Suchtmittels genauso wie Präventionsangebote und konkrete Therapieangebote bei Missbrauch oder Abhängigkeit.

Zwar gibt es in einigen großen Städten spezielle Jugend-Suchtberatungsstellen, doch wird man sich auch in jeder anderen Beratungsstelle Zeit für Sie nehmen und Sie dann gegebenenfalls an eine geeignete Adresse weitervermitteln. Welche das ist, hängt sehr davon ab, welche Stelle bei Ihnen vor Ort besonders auf Alkohol spezialisiert ist. Es existieren in den verschiedenen Bundesländern, Kommunen und Gemeinden ganz unterschiedliche Programme, bei denen staatliche, kirchliche und andere gemeinnützige Verbände tätig sind. Dort treffen Sie auf Experten, die oft langjährige Erfahrungen im Umgang mit Alkoholproblemen haben und die Sie in Ihrer ganz individuellen Situation gut beraten können.

Erste Beratungsgespräche

Zuerst wird Ihr professioneller Ansprechpartner von Ihnen wissen wollen, was genau vorgefallen ist oder worüber Sie sich so Sorgen machen. Möglicherweise werden Sie den gleichen Sachverhalt verschiedenen Menschen schildern müssen – erst jemandem, der überlegt, an welche Stelle er Sie weiterverweist und dann demjenigen, der in der Folgezeit Ihr Ansprechpartner wird. Vielleicht macht Sie der ganze Vorgang auch ganz kribbelig, weil Sie gehofft hatten, dass jemand ein Patentrezept für Ihre Sorgen hat, Ihnen also einen ganz konkreten Tipp geben wird und Sie und Ihr Kind dann keine weiteren Probleme mit dem Thema Alkohol haben werden.

So viel vorab: Das wird wahrscheinlich leider so nicht möglich sein. Vor jeglicher therapeutischen Maßnahme – also auch jedem Tipp – erfolgt eine gründliche Bestandsaufnahme und Beratung. Das kann telefonisch, im persönlichen Gespräch und selbst per E-Mail sein. Dabei muss zuerst auch gar nicht Ihr Kind involviert werden, sondern Sie schildern einem Ansprechpartner, warum Sie um Hilfestellung ersuchen.

Wer spricht mit wem. Sie werden dann zusammen klären, auf welche Weise Ihr Kind in die Beratung eingebunden werden soll. Stellen Sie lediglich einen Kontakt zwischen dem professionellen Ansprechpartner und Ihrem Kind her und halten Sie sich ansonsten vorerst im Hintergrund? Gehen Sie für ein erstes Gespräch zusammen zu einer Beratung? Informieren Sie sich erstmal allein? Sie werden zusammen mit Ihrem Ansprechpartner eine zu Ihnen passende Lösung finden und auch klären, wie Sie Ihr Kind motivieren, mit in die Beratung zu kommen.

Was wird geklärt. Diese ersten Beratungsgespräche haben mehrere Ziele: Es wird geklärt, welchen konkreten Anlass es für diese Gespräche gibt, und Sie erhalten Informationen rund um das Thema Alkohol. Im Gespräch erfährt Ihr professionelles Gegenüber, welche Themen Ihr Kind beschäftigen, welche davon Sie kennen bzw. welche Ihr Kind für sich benennen kann. Idealerweise findet das Erstgespräch bereits mit Ihrem Kind statt. Dabei kann gemeinsam die Situation beleuchtet werden und unterschiedliche Sichtweisen des Themas werden dabei deutlich.

Möglicherweise reichen bereits ein Gespräch oder wenige Termine aus, um Ihnen und Ihrem Kind aufzuzeigen, wo es hakt, worauf Sie gemeinsam achten und was Sie gemeinsam ändern können, damit Sie in Zukunft auch ohne

Hilfe suchen – wo anfangen?

Hilfe von außen mit solchen Problemen zurecht kommen.

Besonders wichtig bei diesem ersten Gespräch ist die Motivation Ihres Kindes. Es nimmt möglicherweise an dem Gespräch nicht aus eigenem Antrieb teil, sondern weil Sie es so wollten.

Jetzt gilt es aus dieser Fremdmotivation (nämlich Ihrem Antrieb, Hilfe zu suchen) eine Eigenmotivation bei Ihrem Kind herzustellen (die Sorgen meiner Eltern scheinen begründet, ich fange auch an, mir Sorgen zu machen). Nur so wird Ihr Kind mitarbeiten und aktiv sein Verhalten ändern.

INTERVIEW

Ein Experte kommt zu Wort

Udo Küstner ist psychologischer Psychotherapeut in der Drogenambulanz für Jugendliche, junge Erwachsene und deren Familien im Universitätsklinikum Hamburg-Eppendorf.

Wie spricht der Experte Missbrauch oder Sucht an?

Vor der eigentlichen Psychotherapie kläre ich immer, warum meine Gesprächspartner vor mir sitzen. Gab es einen konkreten Anlass wie einen Krankenhausaufenthalt nach einem Vollrausch? Machen sich Eltern einfach Sorgen um ihr Kind? Wer hatte die Idee? Wer hat es organisiert? Wie ist es gelungen, den Jugendlichen zu motivieren mitzukommen? Sieht dieser ein, dass es nötig ist, über seinen Alkoholkonsum oder einen Familienkonflikt zu sprechen? Oder ist er der Meinung, dass seine Eltern übertreiben?

Auch wenn ein Jugendlicher nicht über Alkohol oder Konsum von Drogen sprechen will, gibt es eigentlich immer Andockungspunkte, wo Jugendliche unzufrieden sind oder sich belastet fühlen – gibt es aus ihrer Sicht zu strenge Ausgangsregeln, gesperrtes Taschengeld, Verbote, übermäßiger Streit. Jugendliche sehen sehr wohl, dass etwas in ihrer Familie, der Schule oder der Lehre schief läuft. Bereits hier zeichnet sich ab, wie das Gespräch weiterlaufen wird. Wenn jemand freiwillig zu einem Gespräch über seinen Suchtmittelkonsum bereit ist, kann ich natürlich viel direkter über missbräuchlichen Konsum sprechen als bei jemandem, der nicht aus freien Stücken das Gespräch sucht. In so einem Fall versuche ich erst mit dem Jugendlichen eine Basis herzustellen, auf der wir gemeinsam arbeiten können. Vielleicht ist er der Meinung, dass es gut wäre, wenn sich die Ausgangsregeln ändern würden oder wieder Taschengeld fließt – dafür ist er eventuell bereit, etwas zu tun.

Alles rund um den Alkoholkonsum

Im weiteren Gespräch vermischt sich die Diagnoseerhebung mit motivieren-
den und therapeutischen Elementen. Das bedeutet, ich erhebe, wie Alkohol
genutzt wird, denn daran kann ich ermessen, wie riskant der Alkoholkonsum
ist. Wird Alkohol aus Gewohnheit getrunken? Wird mehr Alkohol als früher
getrunken? Wird Alkohol eventuell auch schon mal getrunken, ohne dass
man es wirklich will? Oder in unangemessenen Situationen, wenn man z.B.
genau weiß, dass man gleich noch Auto fahren muss? Oder vor Schulbeginn
oder bevor man Hausaufgaben macht?

Dabei muss man sich das aber nicht wie ein Frage-Antwort-Spiel vorstellen, sondern jeder einzelne Punkt wird genauer hinterfragt und auch seine
Bedeutung und mögliche Folgen werden erklärt. Der Jugendliche wird in
diesem Prozess mithilfe verschiedener Techniken, die aus dem »Motivational Interviewing« abgeleitet sind, angeregt sich selbstständig mit seinem
Alkoholkonsum und seinen Lebenszielen auseinandersetzen. »Motivational
Interviewing« ist eine wissenschaftlich überprüfte Methode der Gesprächs-
führung zur Motivationsförderung bei Menschen mit Suchterkrankungen.
Durch dieses Vorgehen und die dabei entstehende Transparenz kann ein
Jugendlicher besser eine eventuell zu stellende Diagnose, z. B. eine Abhän-
gigkeitsgefährdung, nachvollziehen und akzeptieren. Eine solche Diagnose
sollte aber aus meiner Sicht gerade bei Jugendlichen niemals im ersten
Gespräch gestellt werden, da ein einziges Gespräch in aller Regel nicht ausreicht, um alle relevanten Sachverhalte abzuklären und zu besprechen. Ein
Schnellschuss kann hier sehr leicht nach hinten losgehen.

Das Wort Sucht

Meist liegt bei jugendlichem Alkoholkonsum noch keine Abhängigkeit vor,
sondern jemand trägt aufgrund seines Trinkverhaltens ein Risiko in sich,
eine Abhängigkeit zu entwickeln oder, was noch viel häufiger der Fall ist, er
gefährdet sich durch unkontrolliertes Verhalten im Rausch an Leib und Leben. Eigentlich fällt das Wort Abhängigkeit oder Sucht nur, wenn ich im Laufe der Gespräche anhand der Fakten feststelle, dass eine Abhängigkeit vorliegt oder sich entwickeln könnte. Wie schon erwähnt, gehe ich gemeinsam
mit dem Jugendlichen verschiedene Kriterien durch und erkläre ihm jeweils,
was an seinen Antworten auf einen problematischen Konsum hindeutet – sei
es z. B., wenn unangenehme Situationen mit Alkohol bekämpft werden oder
allgemeiner, wenn das Trinken eine Funktion erhält. Abschließend fasse ich
das dann zusammen, indem ich dem Jugendlichen noch mal zeige, was er

INTERVIEW

alles erzählt hat und was daraus für Schlussfolgerungen zu ziehen sind und was davon, im Fall der Fälle, auf eine Abhängigkeit hindeutet.

Dabei erkläre ich auch immer, dass sich Abhängigkeit in jungen Jahren ganz anders äußert als bei Erwachsenen. Schwerwiegende Entzugserscheinungen gibt es hier fast nie und eine ausgeprägte Abhängigkeit, wie man sie bei Erwachsenen findet, findet man bei Jugendlichen glücklicherweise ganz, ganz selten. Häufiger findet man Entwicklungsverzögerungen, die auf einen häufigen, übermäßigen Alkoholkonsum zurückzuführen sind.

Fällt der Begriff Sucht gleich am Anfang des Gesprächs, meist deshalb, weil Eltern das Gespräch mit den Worten einleiten, sie glauben, ihr Kind wäre süchtig. Dann zeige ich ihnen den Weg auf, wie wir das jetzt gemeinsam im Gespräch überprüfen können.

Wege aufzeigen

Im weiteren Gespräch geht es auch um konkrete weiterführende Hilfestellung, wie es jetzt weitergehen könnte. Ich erarbeite mit dem Jugendlichen seine Ressourcen, das heißt, anhand gelungener Lebensaufgaben werden für den Jugendlichen seine ganz individuellen Fähigkeiten, die ihn auszeichnen und mit denen er sein Leben gut meistern kann, erkennbar gemacht. Wir entwickeln Alternativen, wie sein Leben auch ohne Alkohol Spaß bringen kann. Wichtig ist mir, ihm Zuversicht zu geben, dass dieser Weg der richtige ist – nicht für mich, sondern für ihn – und er diesen auch schaffen kann. Habe ich im Gespräch begleitende psychische Störungen wie Ängste, Depressionen, Persönlichkeits- oder Verhaltensstörungen erkannt, werden diese ebenfalls angesprochen und Behandlungsmöglichkeiten aufgezeigt. Auch dies trägt vielfach dazu bei, dass betroffene Jugendliche Möglichkeiten einer alternativen Lebensbewältigung für sich erkennen können.

Für mich ist dieser Gesprächsteil nicht der Gesprächsschluss, sondern der eigentliche Beginn des Gesprächs, in dem jeder weiß, woran er ist. Ich erkläre auch, dass möglicherweise viele Folgegespräche nötig sind. So lange es gedauert hat, eine Abhängigkeit zu entwickeln, so lange kann es auch brauchen, bis alle Ursachen behoben werden. Das heißt nicht, dass jahrelang intensive Therapiesitzungen durchgeführt werden, aber eventuell sollte immer wieder ein Erinnern an Auslöser erfolgen und der jeweilige Ist-Zustand reflektiert werden.

Außerdem ist die Rolle des sozialen Umfelds ganz wichtig. Ich motiviere die Eltern, dass sie auch in dieser angespannten Situation an die guten Seiten ihres Kindes denken. Diese zu unterstützen und zu fördern, ist eine der wichtigen Hilfen in der nächsten Zeit.

Weitere Gespräche – das große Wort Psychotherapie

Stellt sich in diesen ersten abtastenden Gesprächen heraus, dass Folgegespräche benötigt werden, wird Ihr professioneller Berater Ihrem Kind oder Ihnen gemeinsam einen möglichen Ablauf skizzieren. Diese Gespräche können Sie als Beratung, Behandlung, Gesprächstherapie oder psychotherapeutische Intervention bezeichnen – die Begriffe gehen genauso fließend ineinander über wie Gespräche, die Ihr Kind, Sie und Ihr professionelles Gegenüber führen: Stellen Sie sich ein Informationsgespräch vor, bei dem jemand mit Einfühlungsvermögen während der Unterhaltung bei Ihnen oder Ihrem Kind die Energie freisetzt, ein Alkoholproblem anzugehen. Ist das dann eine Beratung? Eine erste Therapieeinheit? Grundsätzlich enthält jede Beratung immer auch therapeutische Elemente – umgekehrt werden in jeder Psychotherapie Informationen zwischen Menschen ausgetauscht und nicht nur psychische Zusammenhänge genauer beleuchtet.

Wie laufen die folgenden Gespräche ab?

Keine psychotherapeutische Behandlung gleicht der anderen, sie unterscheiden sich je nach Ausbildung des Therapeuten und nach geschilderter individueller Problematik. Es existiert auch keine besonders für Alkoholkonsum geeignete Therapieform – alle von den gesetzlichen Krankenkassen anerkannten psychotherapeutischen Behandlungsmöglichkeiten sind ähnlich erfolgreich.

Grundsätzlich wird zwischen Kriseninterventionen und Therapien unterschieden, die sich über mehrere Wochen oder Monate erstrecken und eine intensive Mitarbeit nicht nur Ihres Kindes, sondern oft aller Familienmitglieder erfordern. Entweder wird dabei dann nur für das eine konkrete Problem, weswegen um Hilfe ersucht wurde, eine spezifische Lösung gesucht, die alle Beteiligten zufrieden stellt. Oder es wird den Ursachen für das Problem Alkoholkonsum Ihres Kindes auf den Grund gegangen.

Ihr Kind ist gefragt

Der Therapeut spricht Diskrepanzen in der Lebensführung, im Selbstbild und Lebenskontext Ihres Kindes an, hilft ihm, sie zu erkennen und auch selbst anzusprechen. Er thematisiert auch, warum es so schwierig ist, über diese Dinge zu reden.

Er wird versuchen, Ihr Kind für eine Veränderung hinsichtlich seines Verhaltens (nicht unbedingt vorrangig seines Alkoholkonsums) zu motivieren und spricht mit ihm ab, welche Vor- und Nachteile diese Veränderungen haben werden. Gemeinsam erarbeiten dann Ihr Kind und der Therapeut konkrete Schritte, wie diese Veränderung herbeizuführen ist; der Therapeut begleitet dann die »Durchführung des Plans« und hilft, das Vorhaben aufrechtzuerhalten.

Wie stellt sich Ihr Kind sein Leben ohne Alkohol/mit weniger Alkohol vor? Was ist ihm in seinem Leben wichtig? Wie war das früher? Wie ist das heute? Wie stellt es sich seine Zukunft vor? Was kann es heute dafür tun, dass seine Zukunft morgen so sein wird? Wie sieht für ihn gelungenes Leben aus?

Die Rolle der Familie

Diese oder noch viel mehr Fragen werden Ihr Kind und auch Sie während der Gespräche beschäftigen. Warum auch Sie? Die meisten Beratungen beziehen die Familie mit ein. Denn oft spielen Konflikte in Schule und mit Freunden, aber auch gerade in der Familie wie Stress, missverständliche Kommunikation oder hohe Erwartungen eine große Rolle für den Einsatz von Alkohol als Konfliktlöser. Die Familie hat also als stärkendes Element für Ihr Kind eine wichtige Rolle inne. Wird die Balance in der Familie wieder hergestellt und ist eine konstruktive Kommunikation

miteinander möglich, fällt es vielen Kindern und Jugendlichen viel leichter, Lösungen für ihre Probleme zu finden und mit Alkohol verantwortungsvoll umzugehen. Dabei sind Sie besonders gefragt: Geben Sie trotz der schwierigen Situation Ihrem Kind immer wieder zu verstehen, dass Sie auch seine guten Seiten sehen – auch wenn diese sich gerade nicht in den Vordergrund drängen.

Familienstrukturen und schwierige Themen erkennen. Um Abläufe in Ihrer Familie besser verstehen und hinterfragen zu können, interessieren den Therapeuten die Beziehungen zwischen den einzelnen Familienmitgliedern. Außerdem wird Ihnen eventuell auffallen, dass er Ihnen oder Ihrem Kind wenig direkte Fragen stellt. Er wird verschiedene Fragetechniken einsetzen, um die Kommunikation in Ihrer Familie zu verstehen, zu sehen, welche Erwartung der jeweils andere hat, wie eine bestimmte Aktion von allen anderen verstanden wird. Sie werden erstaunt sein, wie eine in Ihren Augen klare Botschaft bei anderen Familienmitgliedern ankommt.

Hausaufgaben erledigen. Verschiedene Verhaltensmuster Ihres Kindes und der Familie werden im Gespräch deutlich, Änderungswünsche formuliert und deren Änderungspotenzial im Alltag überprüft. Beim nächsten Treffen schildert Ihr Kind oder Sie, wie es Ihnen ergangen ist. Haben Sie eine Möglichkeit gefunden, anders miteinander umzugehen? Konnte Ihr Kind dem Alkohol trotz Lockungen widerstehen?

Manchmal bietet sich auch an, einen Brief an den »Freund Alkohol« zu schreiben. Warum fehlt er Ihrem Kind? Was bietet er ihm denn als Gegenleistung für seine Freundschaft an? Verbindet Ihr Kind wirklich nur positive Gefühle mit dem Trinken von Alkohol oder sieht es auch, dass Alkohol gute Schulleistungen oder ein harmonisches Familienleben verhindert?

Ein Experte kommt zu Wort

Dr. Martin Stolle gehört im Deutschen Zentrum für Suchtfragen des Kindes- und Jugendalters zu den Ärzten, die auch psychotherapeutisch arbeiten. Er spricht häufig mit Jugendlichen, die mit einer Alkoholvergiftung ins Krankenhaus eingeliefert werden, und ihren Eltern, um herauszufinden, wie wichtig Alkohol für alle Beteiligten ist.

Wie läuft eine Psychotherapie ab?
Vor einer Psychotherapie geht es mir in den Gesprächen zunächst um eine diagnostische Einschätzung. Ich frage nach den Begleitumständen und der Schwere der aktuellen Alkoholvergiftung, warum diese aufgetreten ist und ob mein Gesprächspartner so etwas schon mal erlebt hat.

Hintergründe kennenlernen
So kann ich das Ereignis richtig einordnen und einen missbräuchlichen Konsum, bei dem weit reichende Folgeprobleme möglich sind, von einem eher experimentellen Konsum, der »aus dem Ruder gelaufen« ist, abgrenzen. Das ist wichtig, um gesundheitliche Folgen des Alkoholmissbrauchs – wie eine mögliche Suchtentwicklung – aber auch soziale, familiäre und schulische Folgen zu erkennen. Außerdem will ich mögliche begleitende psychische Störungen, die als zusätzliche Risikofaktoren für riskanten Alkoholkonsum wirken können, erfassen.

Dauer und Gesprächsinhalt
Ist eine Psychotherapie sinnvoll, ist die Dauer individuell sehr verschieden. Mitunter reichen wenige Stunden, manchmal machen auch längere psychotherapeutische Prozesse Sinn. Dabei geht es mir auf der einen Seite darum, den Jugendlichen vor dem Hintergrund seines missbräuchlichen Alkoholkon-

INTERVIEW

sums zu verstehen und auch die mögliche Funktion seines Alkoholrauschs einordnen zu können. Auf der anderen Seite will ich ihm Risiken und negative Folgeentwicklungen aufzeigen, ohne mit dem moralischen Zeigefinger herumzufuchteln.

Mein Ziel ist es, gemeinsam mit dem Jugendlichen Alternativen zu seinem missbräuchlichen Konsum zu entwickeln. Ich bespreche mit ihm z. B., in welchen Situationen er gefährdet ist, zu viel zu trinken, wie er sich davor schützen und trotzdem Spaß haben kann.

Der Kick und die Motivation

Viele Jugendliche, die Binge-Drinking betreiben, zeigen eine hohe Risikobereitschaft und sind auf der »Suche nach dem Kick« (sensation seeking). Da bespreche ich mit ihnen Alternativen, einen Kick auch ohne Alkohol erleben zu können. Einen »legalen Kick« kann ja z. B. auch Klettern, eine Kampfsportart oder Tauchen auslösen. Manchmal ist es auch die Wirkung des Suchtmittels selbst wie Entspannung oder Enthemmung, die den Kontakt zu Gleichaltrigen und die Anbahnung erster auch erotischer Beziehungen leichter zu machen scheinen und die zum Alkoholkonsum reizen. Hier kann soziales Kompetenztraining dem Jugendlichen helfen, auch ohne Alkohol Hemmungen zu überwinden und »cool« (und damit attraktiv) zu sein.

Oft sind Jugendliche mit missbräuchlichem Alkoholkonsum einer Psychotherapie gegenüber zwiespältig oder nur wenig motiviert eingestellt. Da gilt es begleitend in der Therapie immer wieder neu zu motivieren und die positiven Seiten eines verantwortungsbewussten Alkoholkonsums aufzuzeigen.

Wie hilft die Beratung/Psychotherapie Ihrem Kind

Das Gespräch mit einem Therapeuten stellt einen Rahmen dar, in dem sich Ihr Kind und Sie mit dem problematischen Alkoholkonsum, seinen möglichen Folgen und seinen Ursachen beschäftigen können. Dabei werden auch primäre Probleme Ihres Kindes, z. B. mit Schule, der Familie oder Freunden angesprochen und gemeinsam nach Lösungsmöglichkeiten gesucht. Diese werden im Alltag auf Tauglichkeit geprüft, dabei ist die Mitarbeit Ihres Kindes, aber auch Ihr Engagement gefragt. Die Motivation Ihres Kindes, eine Veränderung herbeizuführen, wird immer wieder Schwankungen unterworfen sein.

Wie aktiv ist Ihr Kind dabei? Ein Erfolg lässt sich auch daran festmachen, dass die Abgrenzungsfähigkeit Ihres Kindes zu schädlichen Einflüssen wie einer trinkenden Peergroup zunimmt. Das Durchhaltevermögen wird gestärkt, in dem sein Vertrauen in seine eigenen Fähigkeiten mit jeder positiven Aktion, z. B. sich nicht zu betrinken, weil eine frustrierende Situation aufgetreten ist, zunimmt und so sein Selbstbewusstsein wächst. Doch wie wird das erreicht?

Zur Eigeninitiative aufrufen

Je positiver die Eigenschaften Befähigung, Selbstwirksamkeit und Zuversicht bei Ihrem Kind ausgeprägt sind, desto besser kann es mit den Herausforderungen des Erwachsenwerdens umgehen. Umgekehrt können Sie sich sicher vorstellen, warum ein geringes Gefühl der Selbstwirksamkeit und Zuversicht eine Gefahr für die psychische Gesundheit, das Wohlbefinden und die Lebenszufriedenheit darstellt. Bestimmen unvorhersehbare Ereignisse das Leben, glaubt man weder an sich noch an sein Umfeld und findet man sein Leben sinnlos, wirkt sich das bei jedem negativ auf Stimmung und Lebenseinstellung aus. Dabei hängen diese Eigenschaften stark von den Erfahrungen ab, die man in seinem bisherigen Leben gemacht hat. Und gerade auch für den angemessenen Umgang mit Alkohol

sind sie von Interesse. Wenig Selbstwirksamkeit und Zuversicht findet man bei Menschen, die ein riskantes Trinkverhalten zeigen oder alkoholabhängig sind. Auch in der Behandlung führt es dazu, dass eine Behandlung eher abgebrochen oder jemand schneller rückfällig wird.

Kein Hexenwerk. Ein wichtiges Ziel der psychotherapeutischen Behandlung ist es deshalb, diese Eigenschaften Ihres Kindes zu stärken. Das geschieht, indem ihm gezeigt wird, was es selbst tun kann, um seine jetzige Situation zu verbessern, wie schon etwas Initiative ausreicht, etwas zu bewirken, und welche Fähigkeiten in ihm schlummern. Um das zu erreichen, benötigt der Therapeut einen Einblick in die Lebenswelt Ihres Kindes – nur so kann er gezielt passende Strategien mit Ihrem Kind und Ihnen erarbeiten, die in Ihrer individuellen Situation helfen.

Selbstvertrauen finden

Dabei wird nicht nach »Fehlern« bei Ihrem Kind oder Ihnen gesucht, die es »auszumerzen« gilt. Nein, es werden die individuellen Fähigkeiten, die sich bei jedem finden lassen, herausgearbeitet und betont. So wird der Handlungsraum Ihres Kindes erweitert. Hat Ihr Kind beispielsweise Schwierigkeiten, sich in seiner Clique mit seinem Wunsch, ohne viel Alkohol zu feiern, durchzusetzen, kann das daran liegen, dass Ihr Kind einfach eine sehr soziale Person ist, die auf Harmonie großen Wert legt. Ihrem Kind wird dann ein Weg gezeigt, wie es sich auf verschiedenen Wegen abgrenzen kann. Die Haltung gegenüber Ihrem Kind ist also grundsätzlich die, seine speziellen Fähigkeiten auszubauen, es zu ermuntern und zu fördern.

Um Hilfe bitten. Außerdem kann Ihr Kind lernen, wie es in Zukunft seiner Umwelt – und vor allem auch Ihnen – anders mitteilen kann, dass es Sorgen hat, es ihm nicht gut geht und es Unterstützung benötigt. Der unangemessene Konsum von Alkohol oder riskantes Verhalten unter Alkoholeinfluss wird dabei durch Sprache oder Symbole ersetzt. Ziel soll sein, dass Ihr Kind Ihnen oder einer anderen vertrauten Person gegenüber offen über seine Themen spricht, Sie ein bestimmtes Signal vereinbaren (gelbe Karte zeigen) und es nicht Trunkenheit als Hilferuf einsetzen muss. Eventuell wird Alkohol von Ihrem Kind eingesetzt, um Ihre Aufmerksamkeit auf sich zu lenken (»jetzt musst du dich um mich kümmern«).

Gruppentherapie. Möglicherweise wird der Therapeut anregen, dass Ihr Kind zusätzlich zu Einzelgesprächen an einer Gruppe teilnimmt. Es kann dort lernen, wie andere mit seinen Problemen umgehen, dass es nicht allein mit seinen Problemen ist, sondern dass viele Jugendliche ähnliche Themen haben. Außerdem fungiert eine Gruppe wie ein sozialer Mikrokosmos: Die Teilnehmer sind Stellvertreter für die Welt außerhalb der Gruppe – der Umgang mit Problemen wird hier geübt, mögliche Lösungen auf ihre Praxistauglichkeit geprüft.

Die Rolle der Familie. Sie sehen, dass Ihre Rolle während der Behandlung nicht zu unterschätzen ist. Es geht für Ihr Kind und Sie darum, eine Balance zwischen Abhängigkeit und Unabhängigkeit zu finden. Möglicherweise wird Ihnen der Therapeut auch nahe legen, Ihren Tagesablauf anders zu strukturieren, da gemeinsame Mahlzeiten und ein stärkeres Aufeinanderbezogensein in der Familie Ihrem Kind helfen werden. So können Konflikte besser geklärt werden, ohne dass Ihr Kind oder Sie gleich die komplette Beziehung zueinander in Frage stellt.

Falls Sie befürchtet haben, dass eine Psychotherapie eher wie eine »Gehirnwäsche« zu einer Entfremdung zwischen Ihnen und Ihrem Kind führt, werden Sie im Laufe der Behandlung feststellen, dass sich Ihr Verhältnis zueinander eventuell zwar ändert, insgesamt aber eine Annäherung auftritt.

Wenn mehr nötig ist

Möglicherweise stellt sich bei den ersten Gesprächen mit Ihrem Kind heraus, dass Sie mit Ihren Sorgen nicht nur richtig lagen, sondern Ihr Kind mehr als nur ein paar Informationsgespräche benötigt, um mit seinem Alkoholkonsum umzugehen. Das ist zwar glücklicherweise selten, kann aber dennoch passieren. Eventuell trinkt Ihr Kind so viel und so regelmäßig Alkohol, dass eine Entzugsbehandlung nötig wird, eventuell nimmt es außer Alkohol auch noch andere Suchtmittel wie Cannabis oder Amphetamine zu sich.

Ambulante oder stationäre Behandlung

Ihr Therapeut wird mit Ihnen über den Suchtmittelkonsum Ihres Kindes sprechen und Ihnen die verschiedenen Behandlungsmöglichkeiten für Ihr

Unterstützung in der Klinik – Die Geschichte von Zoe

Zoe ist 16 Jahre alt. Sie fühlt sich oft angespannt und hat sich kürzlich selbst verletzt, indem sie sich die Arme geschnitten hat. Seit ihrem 13. Lebensjahr trinkt sie – zunächst nur sporadisch, später regelmäßig am Wochenende und zuletzt auch unter der Woche. »Den Alkohol brauche ich vor allem zum Entspannen und um lockerer zu werden. Dann fällt es mir auch mit den Jungs leichter.« In den letzten Monaten hat sie mehrere Abstürze und Filmrisse gehabt. »Naja, ich hab dann eben Spaß gehabt und mit irgendwelchen Typen rumgemacht. Nüchtern hätte ich die vermutlich nicht mal angeschaut. Aber es gehört in meinem Alter eben dazu, dass da was geht«.

Enttäuscht ist Zoe vor allem von ihrem Exfreund. Der hat sie regelmäßig betrogen und dann sitzen gelassen. Vor ein paar Wochen ging außerdem ein Handyvideo an der Schule rum, das zeigt, wie sie mit einem Jungen Sex hat. »Das war voll peinlich – ich bin dann auch erst mal nicht mehr zum Unterricht gegangen. Ich kenn' den Typ doch gar nicht und hab auch nicht mitbekommen, dass da einer filmt.« Ihre Mutter hat sie in die Klinik gebracht, nachdem sie wieder mal total betrunken nach Hause gekommen ist. Zoe hat sich entschlossen, erst mal dort zu bleiben. »Ich glaub, ich hab doch etwas zu viel getrunken in letzter Zeit und brauch mal etwas Abstand. Meine Eltern waren auch ziemlich überrascht, als sie gehört haben, was bei mir so alles los war. Ich find es gut, dass sie mir versprochen haben, mich zu unterstützen. Ausnahmsweise waren sie sich da mal einig.«

INTERVIEW

Kind aufzeigen. So kann eine Entzugs-behandlung ambulant oder stationär durchgeführt werden. Bei körperlicher Abhängigkeit wird man sich immer für die stationäre Variante entscheiden, für eine ambulante Vorgehensweise spricht ein motivierter Jugendlicher, engagierte Eltern und der erste Ver-such.

Eventuell kommen Sie aber auch überein, dass die Situation zuhause im Moment so angespannt ist, dass es allen guttut, wenn für einige Zeit ein räumlicher Abstand hergestellt wird. Begleitend finden Familiengespräche statt. Gerade in einigen Großstädten gibt es spezielle Therapieeinrichtungen zur Entwöhnungsbehandlung von Ju-gendlichen, in denen die Betroffenen in der Regel mehrere Wochen verbringen, Schulunterricht erhalten, an einem geregelten Tagesablauf und vielen un-terschiedlichen Beschäftigungs- und Gesprächseinheiten teilnehmen.

Bei Abhängigkeit bzw. bei stärkeren psychischen Störungen oder Belastun-gen ist eine intensivere therapeutische Behandlung angezeigt und sinnvoll. Hier werden die Kompetenzen Ihres Kindes, seine Belastbarkeit, Konfliktfä-higkeit und Fähigkeit zur Abgrenzung gefördert. Gerade bei mehrjährigem Alkoholmissbrauch können Entwick-lungsdefizite auftreten, denen im Rahmen von Psycho- und Kinder- und

Jugendlichentherapie begegnet werden kann. So wird die Identitätsbildung Ihres Kindes gefördert und es kann in seiner Entwicklung wichtige Reifungs-prozesse nachholen.

Daneben wird genauer untersucht, welche Reibungspunkte zwischen Ih-rem Kind und seinem Umfeld bestehen, wie die Interaktion zwischen ihm und seiner Umgebung in Zukunft aussehen könnte, wie seine Position gestärkt werden kann.

Grundsätzlich gilt auch hier: Ihr Mit-wirken ist wichtig. Nicht nur, weil Sie als Erziehungsberechtiger ein Anrecht auf Einbindung in die Behandlung Ihres Kindes haben, sondern weil Ihr Kind Sie brauchen wird – als verständnisvollen Ansprechpartner, als tröstende Schul-ter zum Anlehnen, aber auch als star-ken Halt, der Grenzen zieht und eine klare Position bezieht. So bekommt Ihr Kind das Gefühl, Sie sind da, wenn es Sie braucht.

Oft sind soziotherapeutische Maßnah-men wie Sport und Bewegungsthera-pie, Ergo- und Arbeitstherapie sowie Schulunterricht ein wesentlicher Be-standteil der Behandlung. Hierbei kann Ihr Kind sein Verhalten überprüfen, neue Verhaltensweisen ausprobieren und den »Ernstfall« proben – wie ist das Leben ohne Alkohol, wie geht man mit Trinkaufforderungen um?

Selbsthilfegruppen

Fühlen Sie sich eventuell hilflos oder allein mit Ihren Schuldgefühlen? Fragen Sie sich, was Sie anders oder besser hätten machen können? Vielleicht fällt es Ihnen auch schwer, mit Angehörigen oder Freunden über Ihr Sorgenkind zu sprechen, da Sie wenig Verständnis oder weitere Vorwürfe erwarten. Möglicherweise ist es für Sie leichter, mit Menschen zu sprechen, die in der gleichen Lage sind. Im *Bundesverband der Elternkreise suchtgefährdeter und suchtkranker Söhne und Töchter* (www.bvek.org) sind alle Selbsthilfegruppen organisiert, in denen sich Eltern offen über ihre Sorgen und Probleme austauschen können – selbst wenn die nächste Gruppe örtlich zu weit von Ihnen entfernt ist, helfen Ihnen andere Eltern per Telefon oder Mailkontakt weiter. Familiengruppen finden Sie sonst auch beim Blauen Kreuz und der Caritas, Treffen für Angehörige Suchtkranker bieten auch die Al-Anon/Alateen-Familiengruppen (www.anonyme-alkoholiker.de).

Welcher Therapeut passt zu mir?

Sie können grundsätzlich davon ausgehen, dass sich Ihr Berater auf Sie persönlich einstellt, verschiedene Gesprächstechniken beherrscht und ein Experte dafür ist, die individuellen Bedürfnisse Ihrer Situation im gemeinsamen Gespräch herauszuarbeiten.

Doch vielleicht schleicht sich schon nach kurzer Zeit bei Ihnen das Gefühl ein, dass Sie Hemmungen entwickeln, in den Gesprächen offen zu sein, oder Ihnen ist Ihr Gegenüber schlicht unsympathisch. Gibt es Kriterien für einen »guten Therapeuten«? Woran merken Sie, ob der Therapeut wirklich hilfreich ist?

Jeder professionelle Therapeut weiß, wie wichtig es ist, zu allen Beteiligten in diesen Gesprächen einen Zugang zu finden. Nur so lässt sich eine vertrauensvolle Atmosphäre schaffen, in der Probleme wirklich bearbeitet werden können. Dazu gehört auch, keine Partei für einen der Anwesenden zu ergreifen und wirklich zu jedem eine tragfähige Arbeitsbeziehung aufzubauen. Haben Sie das Gefühl, dass in Ihrem Fall etwas schief läuft, sprechen Sie Ihren Therapeuten darauf an. Vielleicht lässt sich Ihr Eindruck in einem klärenden Gespräch aus der Welt schaffen, vielleicht hilft es, die Sitzungen mit zwei unterschiedlichen Therapeuten durchzuführen – sonst bleibt auch immer noch der Wechsel des professionellen Gegenübers. Sprechen Sie über die Problematik auch mit Ihrem Kind, Hauptsache, Ihr Kind und Sie fühlen sich gut aufgehoben.

Rückfallgefahr als Erwachsener

Wenn man im Jugendalter bestimmte Verhaltensmuster gelernt hat, besteht die Gefahr, dass man auch im Erwachsenenalter in diese zurückfallen wird – besonders wenn das Verhalten einen positiven Effekt hatte. Das gilt für die Gesundheit erhaltende Verhaltensweisen leider genauso wie für schädigende, z. B. den Gebrauch von Suchtmitteln.

Besonders leicht erleiden Menschen einen Rückfall in »alte Gewohnheiten«, wenn bei der ursprünglichen Behandlung eines riskanten Suchtmittelkonsums oder einer Abhängigkeit weder die Familie noch das weitere wichtige Umfeld wie die Peergroup miteinbezogen wurde. Fehlt dann auch noch eine sinnvolle Perspektive in Ausbildung und Beruf, ist die Gefährdung für einen Rückfall immens.

Um Jugendliche vor Rückfällen zu schützen, spielen deshalb in der Behandlung neben dem familientherapeutischen Ansatz auch so genannte Booster-Gespräche eine große Rolle bei der Prävention von Rückfällen. Bei diesen Gesprächen wird zwar in großen, aber dennoch recht regelmäßigen Abständen der Kontakt zwischen Betroffenen und Therapeuten aufrecht gehalten und geklärt, wie sich das Leben ohne Suchtmittel anlässt.

INTERVIEW

Ein Experte kommt zu Wort

Dr. Olaf Reis koordiniert die psychologische Forschung in der Klinik für Kinder- und Jugendpsychiatrie der Universität Rostock. Er betreute dort mehrere Projekte, die sich mit dem Suchtmittelkonsum im Kindes- und Jugendalter beschäftigen.

Welche Faktoren führen dazu, dass jemand auch nach vielen abstinenten Jahren sein Suchtverhalten wieder aktiviert?

Der stärkste Faktor ist die Sucht selbst. Wer einmal süchtig war, wird es bleiben, denn das so genannte Suchtgedächtnis gilt als nicht löschbar. Noch nach Jahren der Abstinenz zeigen Süchtige starke Reaktionen im Hirnstrombild, wenn ihnen so genannte Auslösereize präsentiert werden. Diese Reaktionen betreffen das Belohnungssystem, das heißt, das Suchtgedächtnis speichert vor allem die positiven Emotionen, nicht das Leid und den Ärger. Süchtige müssen also lernen, täglich mit Verlockungen umzugehen und das kann Schwerstarbeit bedeuten. Diese Schwerstarbeit wird durch viele stützende Faktoren erleichtert – eine gute Partnerschaft und Familie, der regelmäßige Besuch der Selbsthilfegruppe, berufliche Perspektiven, das Gefühl, gebraucht zu werden, ausgeglichene Persönlichkeiten usw.

Faktoren, die diese Arbeit erschweren, können jederzeit zu einem Rückfall führen: ein Verlust, das Gefühl, sich überflüssig zu fühlen, Ausgebranntsein – oder manchmal auch nur dumme Zufälle, wenn ein Alkopop mit einer Limo verwechselt wird. Mitunter gelingt es Süchtigen also gut, für Jahrzehnte ihre Krankheit im Griff zu haben, doch dann sind vielleicht die Kinder aus dem Haus oder der Hund stirbt. Wer in diesen Risikosituationen wieder mit dem Trinken beginnt, ist sofort wieder dort, wo er vor Jahren aufgehört hat.

Wie häufig kommt das vor?

Leider gibt es auf diesem Gebiet noch keine breite epidemiologische Forschung. Grundsätzlich ist zu beachten, welchen Zeitraum man betrachtet, denn je länger der Zeitraum ist, desto größer wird die Wahrscheinlichkeit eines Rückfalls, da das Suchtgedächtnis, wie gesagt, nicht vergisst. Betrachtet man die Ergebnisse bei Erwachsenen ein Jahr nach der Behandlung, dann haben Frauen ein vergleichbar höheres Rückfallrisiko, nämlich etwa 50 %; bei Männern wird diese Quote erst nach vier Jahren erreicht. Das hat vermutlich verschiedene Ursachen: Frauen sind häufiger von mehreren Substanzen abhängig, insbesondere noch von Tabletten, und wahrscheinlich sind sie als Süchtige auch einsamer, d. h., die Wahrscheinlichkeit einen nicht süchtigen Partner zu haben oder zu behalten, ist bei ihnen geringer.

Wenn man die gesamte Lebensspanne betrachtet, schaffen es zwischen zehn Prozent und einem Drittel der Alkoholkranken in die Abstinenz, manche mit Rückfällen. Rückfälle müssen also als ein Teil der lebenslangen Sucht betrachtet werden.

Was kann man dagegen tun?

Alkoholkranke müssen sich vergegenwärtigen, dass das Risiko eines Rückfalls auch nach vielen guten Jahren nicht kleiner wird. Das ist schwer, denn das Verlernen und Vergessen von Dingen ist wichtiger Bestandteil des menschlichen Lernens überhaupt. Der Süchtige muss also lernen, achtsam und aufmerksam zu bleiben, obwohl sein Gehirn an dieser Stelle zum Vergessen neigt. Aus diesem Grund ist die lebenslange Rückfallprophylaxe, vor allem die Reflexion in der Selbsthilfegruppe, angeraten. Dort und im unterstützenden Umfeld kann und soll rechtzeitig entstehender Suchtdruck, das »Craving«, thematisiert werden. Dann kommt es darauf an, die angebotene Hilfe anzunehmen, auch die professionelle aus dem Suchthilfesystem.

Wegen dieses Verlaufs ist es so wichtig, eine Sucht gar nicht erst entstehen zu lassen, das heißt, missbräuchlichen Alkoholkonsum bei Jugendlichen ernst zu nehmen und umgehend zu reagieren.

INTERVIEW

Prävention – besser verhindern als behandeln

Präventionsmaßnahmen im Überblick

Vorbeugen ist besser als heilen – der Volksmund weiß schon lange um die Bedeutung von Prävention. Es ist sinnvoll, Probleme zu verhindern, bevor sie entstehen – das gilt sowohl im Hinblick auf Schäden für den Einzelnen als auch für die gesamte Gesellschaft.

Zunächst einmal leisten Sie als Eltern in der Familie einiges an Vorbeugung: indem Sie Ihr Kind fordern und fördern, ihm als Vorbild dienen und es zu einem selbstbewussten und selbstbestimmten Erwachsenen erziehen (→ S. 49). Doch daneben existieren zahlreiche »offizielle« Präventionsmaßnahmen, in Deutschland allerdings meist wenig strukturiert in einem munteren Durch- und Nebeneinander. Ansatzpunkte bei der Prävention sind:

Alkoholkonsum an sich: Mit verschiedenen, auch gesetzlichen Maßnahmen wird versucht, den Alkoholkonsum zu senken, Abstinenz zu fördern und das Einstiegsalter für Alkoholkonsum zu erhöhen.

Gefährliche Trinkmuster: Es wird versucht, das Bewusstsein für risikoreichen Alkoholkonsum und gefährliches Trinkverhalten wie Binge-Drinking zu stärken und diesen entgegenzuwirken.

Folgeschäden: Direkte Folgeschäden, die unter Alkoholeinfluss entstehen, sind z. B. alkoholbedingte Vergiftungen oder Krankheiten, aber auch Unfälle im Straßenverkehr oder am Arbeitsplatz. Deren Ausmaß kann z. B. durch entsprechende Verbote gemindert werden.

INTERVIEW

»Vor einigen Wochen ist unsere Tochter Anna mit einer Alkoholvergiftung im Krankenhaus gelandet. Wir sind aus allen Wolken gefallen! Sie hat wohl mit ein paar Freundinnen den Ferienbeginn begossen, mit Wodka und Mix-getränken von der Tankstelle. Wir fragen uns wirklich, wieso es Kassierer gibt, die an solch junge Dinger hoch-prozentigen Alkohol verkaufen. Wieso erkundigen die sich nicht nach dem Alter oder lassen sich am besten die Ausweise zeigen?«

Mutter eines 14-jährigen Mädchens

»Jugendliche, die übermäßig Alkohol saufen und im Koma enden – das liest man ständig in der Zeitung. Aber dass die weniger schlimmen Fälle auch in den besten Familien vorkommen – davon hört man wenig. Und wir konnten uns kaum vorstellen, dass das etwas mit unserem Leben zu tun haben könnte. Bis wir mehrfach von Bekannten gehört haben, dass unser Philipp sich auf Festen häufig heftig betrinkt. Ich frage mich, warum die Kinder nicht in der Schule lernen, dass Alkohol ganz schön gefähr-lich ist und die Werbung nichts mit dem wahren Leben zu tun hat. Cool sein – pah! Hart arbeiten für wenig Geld, das ist die Realität. Irgendjemand erzählte kürzlich, dass es an der Schule auch Leute gibt, die speziell für die Aufklärung und Vorbeugung gegen Drogen zuständig sind. Warum sagt uns das keiner? Auf den Elternabenden wird über Hilfe für die Dritte Welt, Umweltprojekte und Klassenfahrten gesprochen. Aber über so was? Ich wüsste noch nicht mal, an wen wir uns bei Fragen oder Problemen wenden könnten.«

Vater eines 15-jährigen Jungen

121

Formen der Prävention

Für Präventionsmaßnahmen müssen zunächst einmal Risikofaktoren erkannt und diese durch Verhaltensänderung des Einzelnen (**Verhaltensprävention**) oder Umgestaltung der ihn umgebenden Bedingungen (**Verhältnisprävention**) vermindert oder ausgeschaltet werden:

▎ Zur Verhältnisprävention dienen staatliche Maßnahmen wie Preis- und Verkaufsregulierung oder das Jugendschutzgesetz.

▎ Bei der Verhaltensprävention werden weitere Formen unterschieden – je nachdem, bei wem die Maßnahmen ansetzen: Die **universelle Prävention** richtet sich an die Gesamtbevölkerung oder an Teilgruppen wie Jugendliche oder Schwangere, die **selektive Prävention** an Risikoträger wie Kinder aus Alkoholikerfamilien, die **indizierte/indikative Prävention** an Personen mit riskantem Verhalten, z.B. Jugendliche, die wegen einer Alkoholvergiftung ins Krankenhaus eingeliefert werden. Ein Beispiel für diese Prävention ist das »HaLT-Projekt« (→ S. 124).

Daneben werden Präventionsmaßnahmen auch danach eingeteilt, an welcher Stelle sie stattfinden (Interventions- ebene) – so unterscheidet man z.B. gesetzgeberische Maßnahmen von familienbezogener, schulbezogener oder gemeindeorientierter Prävention.

Was macht Prävention erfolgreich?

Experten sind sich einig: Um alkoholbezogenen Problemen effektiv gegenübertreten zu können, wird ein Zusammenspiel mehrerer Maßnahmen benötigt. Weder alleinige Diskussionen wie »Alkoholwerbung ja oder nein« oder »Alkoholsteuer hoch oder runter«, noch einmalige Plakataktionen à la »Schluss mit Trinken« oder vereinzelte Elternabende werden den komplexen Zusammenhängen bei Ursachen, Entstehung und Wirkung von problematischem Alkoholkonsum gerecht. Trotzdem ist es für alle Beteiligten sinnvoll, über die verschiedenen Möglichkeiten sowie Effektivität und Kosten der Maßnahmen Bescheid zu wissen, um den besten Mix zusammenzustellen.

Prinzipiell sind staatliche Maßnahmen zur Verhältnisprävention weit wirksamer als Aufklärungsmaßnahmen, Schulungsprogramme u. Ä. zur Verhältnisprävention.

Die Wirksamkeit von Verhältnis- und Verhaltensprävention (Institute of Alcohol Studies London 2007, DHS 2007)

Präventionsmaßnahmen	Wirksamkeit
Regulierung der Verfügbarkeit von Alkohol	
Mindestalter für den Erwerb von Alkohol	+++
Regierungsmonopol für den Einzelhandelsverkauf	+++
Beschränkung der Verkaufszeiten	++
Steuern und Preisgestaltung	
Alkoholsteuern	+++
Veränderung der Trinkumgebung	
kein Ausschank an betrunkene Gäste	++
freiwillige Verhaltenskodices	(+)
stärkere Regulierung von Schanklizenzen und rechtlichen Auflagen	++
Promotion von alkoholfreien Aktivitäten und Events	(+)
Bildung und Aufklärung	
Aufklärungsunterricht in Schulen	(+)
öffentliche Aufklärungskampagnen	(+)
Warnhinweis	(+)
Regulierung der Alkoholwerbung-Wirksamkeit	
Werbeverbote	+
Kontrolle von Werbeinhalten	?
Maßnahmen gegen Alkohol am Steuer	
Zufallsatemtest	+++
niedrige Promillegrenze	+++
niedrigere Promillegrenzen für junge Fahranfänger (»o-Toleranz«)	+++
Führerscheinentzug für Alkoholsünder	++
»Wer-fährt-Programme«	(+)
Behandlung und Frühintervention	
Kurzinterventionen bei Menschen mit risikoreichem Alkoholkonsum	++
Entgiftung und Entwöhnung	+
Selbsthilfe	+
Pflichtkurse für wiederholte Alkoholsünder im Straßenverkehr	+

+++ höchste Wirksamkeit, (+) niedrigste Wirksamkeit, ? Wirksamkeit unbekannt

HaLT geben –
Jugendliche direkt ansprechen

Bereits 2003 wurde ein Projekt mit dem vorrangigen Ziel gestartet, Jugendliche anzusprechen, die bereits durch exzessiven Konsum aufgefallen sind. Erst als Pilotprojekt in Lörrach entwickelt, war es so erfolgreich, dass es ein Jahr später bereits an 11 Standorten, inzwischen in über 60 Standorten eingesetzt wird. HaLT steht für »Hart am Limit« – bietet Jugendlichen nach einem Alkoholexzess zeitnah eine umfassende Beratung, betreibt Präventionsvereinbarungen mit z. B. Tankstellen und Gaststätten vor Ort, was den Ausschank von Alkohol angeht und nutzt dabei vorhandene Netzwerke und Ressourcen der Drogen- und Suchtberatungsstellen. Dabei arbeiten die speziell geschulten Mitarbeiter eng mit den örtlichen Krankenhäusern zusammen, um betroffene Jugendliche zeitnah nach einer Alkoholvergiftung anzusprechen. Das Projekt ist so erfolgreich, da es zu einem Zeitpunkt einsetzt, an dem wirklich Hilfe benötigt wird.

Ein Experte kommt zu Wort

Dr. Olaf Reis leitet die Forschungsabteilung an der Klinik für Psychiatrie, Neurologie, Psychosomatik und Psychotherapie im Kindes- und Jugendalter (KJPP) der Universität Rostock. Im Rahmen des HaLT-Projekts hat er sich mit den Bedingungen des Komatrinkens unter Kindern und Jugendlichen auseinandergesetzt. Die Projektmitarbeiter fragten sich, was man gegen die Zunahme der Alkoholvergiftungen unternehmen könne. Sie haben einfache Antworten.

Wie funktionierte das Projekt?

Sobald ein Jugendlicher im Alkoholkoma in die Universitätsklinik Rostock oder die Kinderklinik Güstrow eingeliefert worden war, klingelte bei der Projektärztin das Telefon. Wenn der Betroffene dann halbwegs bewusstseinsklar war, stand schon die Ärztin am Bett. Nachdem das Vertrauen hergestellt war – was nicht immer leicht war – erfragte sie die Umstände der Vergiftung – unter anderem, woher der Alkohol gekommen war. Nicht wenige hatten den »Stoff« selbst erworben. In diesem Fall wurde die Landeskoordinierungsstelle gegen Suchtgefahren (Lakost) informiert, die dann geeignete Maßnahmen einleitete. Dem Jugendlichen wurden, je nach Bedarf, weiterführende Empfehlungen gegeben. Die reichten vom einfachen

Aufklärungsgespräch bis zur Teilnahme an einer Erlebnistherapie auf einem Reiterhof.

Was waren denn diese »geeigneten Maßnahmen«?

War der Alkohol an einer Tankstelle oder in einem Supermarkt gekauft worden, so wurden die Betreiber dort informiert. Auch das Personal wurde auf die Pflicht zur Einhaltung des Jugendschutzgesetzes hingewiesen. Damit es an der Kasse leichter fiel, die Jugendlichen abzuweisen, wurden so genannte Sorry-Cards verteilt. Stellte sich eine Schule als ein Hochrisikoraum für Alkoholkonsum heraus, wurden dort die Lehrkräfte intensiv geschult, Projekttage durchgeführt, und einmal gab es auch Jugendliche, die während der HanseSail andere über die Gefahren des Konsums aufklärten. So wurden einige »Hotspots« des Risikotrinkens direkt angegangen.

Und so etwas wirkt?

Auch wenn es für die Kids das Nächstliegende zu sein scheint, einfach zum nächsten Supermarkt zu ziehen oder Ältere zu fragen: In der Projektregion sank die Häufigkeit behandelter Vergiftungen während des Projektzeitraums um 20 %, während sie in den übrigen Landesteilen von Mecklenburg-Vorpommern um 30 % stieg. Natürlich lässt sich kein »lückenloses Jugendschutzsystem« etablieren, aber man kann einiges tun, um die Köpfe der Leute zu gewinnen. Alkoholprävention ist schon halbtot, wenn eine Institution allein dafür verantwortlich gemacht wird. Nein, alle müssen dafür gewonnen werden, vor allem diejenigen, die täglich an den Kindern und Jugendlichen dran sind: Verkäufer, Lehrkräfte, Türsteher, Busfahrer usw. und natürlich Eltern.

Und die Jugendlichen in der Klinik?

… waren während dieses schambesetzten Moments des Aufwachens aus einem Alkoholkoma durchaus ansprechbar, wenn man ihnen nicht mit der Moralkeule kam, sondern versucht, sie zu verstehen. Ein Jahr später gab der Großteil unser nachbefragten Jugendlichen an, dass sie noch im Krankenhaus beschlossen, weniger zu trinken – vor allem dann, wenn neben der Ärztin auch noch die Eltern am Bett standen.

INTERVIEW

Politische Maßnahmen – Verhältnisse beeinflussen

Riskanter Alkoholkonsum ist nicht nur ein privates, sondern auch ein öffentliches Problem. Deshalb greift die Politik steuernd in Herstellung, Vermarktung und Verbrauch von alkoholischen Getränken ein und versucht, die Folgeschäden von Alkoholkonsum zu verhindern.

Der Staat als Steuermann?

Übermäßiger Alkoholkonsum hat nicht nur individuelle Folgen, sondern betrifft die gesamte Volkswirtschaft. Gesundheitliche Schäden, soziale Auswirkungen, Effekte auf die Arbeit sowie alkoholassoziierte Straftaten lassen nicht nur den Betroffenen und sein Umfeld leiden, sondern kosten den Staat jährlich mehrere Milliarden Euro. Demgegenüber stehen wirtschaftliche Interessen der Alkohol- und Werbewirtschaft, die viel Geld in Lobbyarbeit investieren, um noch mehr Geld zu verdienen. Um die Folgen von Alkoholkonsum zu bekämpfen, bedient sich der Staat einer Alkohol(kontroll)politik.

Alkoholpolitik und Ansatzpunkte

Einige Maßnahmen richten sich allgemein an die breite Bevölkerung, andere haben spezielle Gruppen oder Personen wie Jugendliche, Lehrer oder Eltern im Visier. Sie setzen an verschiedenen Punkten an – dem Suchtmittel selbst, der Umwelt und der konsumierenden Person. Präventionsmaßnahmen sind mehr oder weniger wirksam, verschlingen aber auch mehr oder weniger große Geldbeträge. Darum sollte von Staat, Länder und Gemeinden sowie den betroffenen Verbänden und Einrichtungen auch das Verhältnis von Kosten und Wirksamkeit sowie die Nachhaltigkeit einzelner Maßnahmen geprüft werden. Dies wird in der Praxis allerdings nur für einen kleinen Teil der zahlreichen Präventionsmaßnahmen wirklich gemacht.

Neben Verordnungen oder gesetzlichen Regelungen (z. B. Jugendschutzgesetz) und deren Kontrollen gibt es auch Früherkennungsmaßnahmen, z. B. in Schulen Aufklärungskampagnen oder Schulungen von Jugendlichen, Eltern oder Lehrern.

Ansatzpunkte der Alkoholpolitik

Bei der Prävention werden in verschiedenen Bereichen Schwerpunkte gesetzt, wobei manche Maßnahmen auch mehrere Bereiche gleichzeitig abdecken:

▎ **Angebot:** Indem der Staat Zugang und Verfügbarkeit kontrolliert, nimmt er auf der Angebotsseite Einfluss. Entsprechende Maßnahmen sind z. B. Verkaufsbeschränkungen (z. B. nur in bestimmten Läden, nur zu bestimmten Uhrzeiten), das Festlegen eines Mindestalters für den Kauf oder das Trinken von Alkohol oder der Verbot von »Billigpartys« in Diskotheken.

▎ **Nachfrage:** Der Staat versucht, direkt oder indirekt die Nachfrage zu senken – durch den Preis oder durch die Vermittlung von Wissen um die

Folgen. Dazu dienen z. B. die Alkoholsteuer, die Preisgestaltung von alkoholischen Getränken, Produkt- und Warnhinweise auf den Getränken, Regelungen (und Reglementierungen) für Werbe- und Marketingmaßnahmen, aber auch Bildungs- und Aufklärungskampagnen, die z. B. in Schulen über Risiken und einen risikoarmen Umgang mit Alkohol informieren.

▎ **Maßnahmen gegen Folgeschäden:** Dazu gehören z. B. Regelungen zu Alkohol im Straßenverkehr und am Arbeitsplatz, aber auch die Früherkennung in Schulen, die Betreuung und Behandlung Betroffener und das gezielte Ansprechen und Informieren bestimmter Gruppen wie Jugendliche oder Schwangere.

Im Visier – Alkoholwerbung

Alkohol ist eine Ware – damit ist es nachvollziehbar, dass die Hersteller von Alkoholika daran verdienen wollen. Die Alkoholindustrie agiert heute global über Ländergrenzen hinweg, besitzt dementsprechend auch starke Interessenverbände und viele Ressourcen für Werbung und Lobbyarbeit. Ob das Gewinnstreben zu Lasten der Kinder und Jugendlichen geht, darüber gehen die Meinungen weit auseinander.

Freiwillige Verhaltensregeln – Wolf im Schafspelz?

Alkoholwirtschaft, Handel, Agenturen und Medien unterwerfen sich freiwilligen Verhaltensregeln des deutschen Werberats, aufgestellt im Rahmen der »Werbeselbstkontrolle«. Mit dieser freiwilligen Selbstverantwortung verpflichtet sich die Werbewirtschaft, verantwortungsbewusstes Handeln im Werbewesen zu fördern, Missstände zu erkennen und zu beseitigen. Der

Verhaltenskodex besagt u. a., dass Werbung ...

▪ ... nicht zu missbräuchlichem Alkoholkonsum auffordern soll.

▪ ... keine trinkenden Kinder, Jugendliche, Leistungssportler, Fahrzeugführende oder Personen des Heilgewerbes zeigen soll.

▪ ... Kinder und Jugendliche nicht zum Alkoholkonsum auffordern soll.

▪ ... nicht in Medien erfolgen soll, deren redaktioneller Teil sich überwiegend an Kinder oder Jugendliche richtet.

▪ ... nicht das Bild vermitteln soll, Alkohol könne zur Beseitigung, Linderung oder Verhütung von Krankheiten, der Beseitigung oder Überwindung psychosozialer Konflikte oder Stärkung der physischen Leistungsfähigkeit dienen oder könne sozialen oder sexuellen Erfolg fördern.

▪ ... nur Personen als Werbeträger nehmen soll, die mindestens – auch vom optischen Eindruck her – junge Erwachsene sind.

▪ ... nicht bei Veranstaltungen eingesetzt werden soll, die erkennbar auf verantwortungslosen Konsum abzielen (z. B. Flatrate- oder All-you-can-drink-Angebote).

▪ ... weder über Trikotwerbung bei Kinder- und Jugendmannschaften noch über Werbe- und Sponsoringmaßnahmen, die im direkten Zusammenhang mit Kindern und Jugendlichen stehen, erfolgen soll.

Mit dem verantwortungsbewussten Umgang und freiwilligen Regeln wollen Unternehmen der Alkoholbranche den Kritikern und strikten Gegnern von Alkoholwerbung den Wind aus den Segeln nehmen. Ob die Werbung tatsächlich diesen Grundsätzen des Verhaltenskodexes gerecht wird, steht auf einem anderen Blatt. Interessant ist in diesem Zusammenhang auch der aktuelle Trend, explizit »moderates Trinken« zu bewerben. Dazu gehört auch die Beteiligung von Alkoholherstellern an Kampagnen wie »Don't drink and drive!« oder »Geklärt, wer fährt?«, die besonders bei jungen Menschen das Fahren mit null Promille fördern sollen.

Werbeverbot?

Der Streit zwischen Alkohollobby auf der einen, dem Staat und vom Thema betroffenen Verbänden und Einrichtungen auf der anderen Seite währt schon seit geraumer Zeit. Alkoholwirtschaft und Werberat sind der Meinung, dass die freiwillige Selbstkontrolle genügt und allen Beteiligten gerecht wird, ohne zu sehr die Markt- und Konkurrenzfähigkeit einzuschränken. Die andere Seite vertritt die Ansicht, dass diese Verhaltensregeln nicht ausreichen, um junge – und damit besonders gefährdete – Menschen zu schützen, zumal sie von einem Gremium aufgestellt sind, das aufgrund der Eigeninteressen befangen ist. Deshalb plädiert

▲ Bierdeckel der Kampagne »Don't drink too much – stay gold«

sie für strengere Auflagen, rechtliche Mittel und gesetzliche Regelungen bis hin zum absoluten Verbot für Alkoholwerbung.

Egal ob die Alkoholwerbung rechtlich oder nur freiwillig reguliert wird – Werbeverbote haben eine gewisse vorbeugende Wirkung (auch wenn die Werbewirtschaft das Gegenteil behauptet), wenngleich Maßnahmen in anderen Bereichen weitaus effektiver sind. Werbeverbot allein reicht also nicht, ist aber ein mögliches Puzzleteil im gesamten Maßnahmenpaket.

Übrigens, der Spieß kann auch umgedreht werden: So wurde beispielsweise im letzten Jahr in Großbritannien eine groß angelegte Marketingkampagne gestartet, die mit Ekelbildern als Werbespots dafür wirbt, weniger zu trinken. Ende 2008 wurde Ähnliches in Deutschland von der Polizei im Rahmen der Kampagne »Don't drink too much – stay gold« initiiert: Drastische Motive, die die unappetitlichen Folgen haltlosen Trinkens zeigen, wurden auf 1,5 Millionen Bierdeckel gedruckt und als Spots auf von Jugendlichen oft besuchten Internetseiten gezeigt.

Gesetzlicher Einfluss auf den Konsum

Zahlreiche internationale und deutsche Studien zeigen, dass Maßnahmen, die den Preis und die Verfügbarkeit von Alkohol beeinflussen, besonders wirksam sind. So bitter die Pille für unser Empfinden sein mag: Reglementierungen sind in vielen Fällen effektiver als Maßnahmen zur Bildung und Aufklärung. Letztlich ist es ähnlich wie bei der Erziehung: Verbote sind nötig, um – für die gesunde Entwicklung unabdingbare – Grenzen zu setzen, an denen sich der Heranwachsende auch reiben kann und die durchaus den Dialog über Werte, Einstellungen und Moralvorstellungen fördern.

In Deutschland sind viele dieser Maßnahmen über das Jugendschutzgesetz festgelegt. Dessen Bestimmungen werden allerdings leider nicht immer eingehalten oder sie werden unterlaufen – z.B. wird in Geschäften oder Tankstellen bei der Alkoholabgabe häufig auf die Ausweis- und damit Alterskontrolle verzichtet, oder 18-Jährige kaufen den Alkohol und konsumieren ihn mit Jüngeren.

Nutzen Sie bei Diskussionen mit Ihrem Kind zum Thema Alkohol auf Festen oder Klassenfahrten die gesetzlichen Regelungen als Argumentationshilfe. Auch sonst ist Ihr Engagement gefragt:

Sehen Sie, dass eine Kassiererin an Minderjährige Alkohol verkauft, machen Sie den Mund auf – es könnte ja schließlich auch Ihr Kind sein. Auch hier fällt die Diskussion mit dem Wissen um die gültigen Regeln leichter.

Sicher heranwachsen – das Jugendschutzgesetz

Das deutsche Jugendschutzgesetz regelt den Schutz von Kindern und Jugendlichen in der Öffentlichkeit. Kinder sind dabei als Personen definiert, die noch nicht 14 Jahre alt sind; Jugendliche sind Personen, die 14, aber noch nicht 18 Jahre alt sind. Minderjährige sind damit Kinder und Jugendliche.

Regeln vorgeben ...

In Bezug auf Alkohol sind zwei Paragraphen besonders wichtig: § 4, der den Aufenthalt in Gaststätten und § 9, der die Abgabe alkoholischer Getränke regelt. Daneben existiert ein Gaststättengesetz, das in § 20 Gewerbetreibenden verbietet, alkoholische Getränke an erkennbar Betrunkene zu verabreichen. Unterschieden wird zwischen branntweinhaltigen und »anderen« alkoholischen Getränken, wobei dies nichts darüber sagt, wie viel Volumenprozent Alkohol enthalten sind. So gehören Alkopops – die mit ca. 6% nur knapp über dem Alkoholgehalt von Bier liegen, zu den branntweinhaltigen Getränken, während »alkoholfreie« Getränke, die keiner Abgabebeschränkung unterliegen, bis zu 0,5% Alkohol enthalten können.

AUF DEN PUNKT

Jugendschutzgesetz und Alkohol

Hier die wichtigsten Punkte im Überblick:

- **§ 4 Gaststätten:** Diese sind definiert als öffentliche Verkaufsstellen, in denen gewerbsmäßig Getränke oder Nahrungs- und Genussmittel zum Verzehr an Ort und Stelle verabreicht werden – also auch Cafés, Eisdielen und Diskotheken. Die folgenden Bestimmungen gelten entsprechend für **öffentliche Tanzveranstaltungen** (§ 5).
  - Kinder und Jugendliche unter 16 Jahren dürfen sich nur in Begleitung einer personensorgeberechtigten oder erziehungsbeauftragten Person in Gaststätten aufhalten – es sei denn, sie wollen zwischen 5 Uhr und 23 Uhr nur eine Mahlzeit oder ein alkoholfreies Getränk zu sich nehmen.
  - Jugendliche ab 16 Jahren dürfen sich auch allein, nicht aber zwischen 24 Uhr und 5 Uhr morgens dort aufhalten.
  - Minderjährigen ist der Aufenthalt in Nachtbars oder Nachtklubs nicht erlaubt.
- **§ 9 Alkoholische Getränke** in Gaststätten, Verkaufsstellen oder sonst in der Öffentlichkeit:
  - An Minderjährige dürfen Branntwein, branntweinhaltige Getränke oder Lebensmittel, die Branntwein in nicht nur geringfügiger Menge enthalten, weder abgegeben noch ihr Verzehr gestattet werden. Unter diese Regelung fallen auch Alkopops.
  - An Kinder und Jugendliche unter 16 Jahren dürfen andere alkoholische Getränke (z. B. Bier, Wein, Sekt) weder abgegeben noch ihr Verzehr gestattet werden – es sei denn, die Jugendlichen werden von einer personensorgeberechtigten Person begleitet.
  - Alkoholische Getränke dürfen in der Öffentlichkeit nicht in Automaten angeboten werden, es sei denn, diese sind an einem für Kinder und Jugendliche unzugänglichen Ort aufgestellt oder es ist durch technische Vorrichtungen oder durch ständige Aufsicht sichergestellt, dass Kinder und Jugendliche die Getränke nicht entnehmen können.
- **§ 11 Filmveranstaltungen:** Hier ist in Bezug auf Alkohol ein Punkt interessant: Filme oder Programme, die für Tabakwaren oder alkoholische Getränke werben, dürfen nur nach 18 Uhr vorgeführt werden.

Politische Maßnahmen

... und Regeln einhalten

Die besten Regeln nutzen wenig, wenn sie nicht eingehalten werden, wenn Verkäufer nicht auf das Alter der Kunden schauen und Tankstellenbesitzer tolerieren, dass 16-Jährige vor ihrer Tür und nach 24 Uhr Alkohol trinken; wenn Lehrer nichts dagegen haben, wenn auf der Klassenfahrt mal gebechert wird und Gastwirte Alkohol ausschenken, ohne den Ausweis zu prüfen oder obwohl die Jugendlichen offensichtlich bereits betrunken sind. Dabei ist das nicht nur eine Frage des ethischen Empfindens, sondern das Nichteinhalten der Vorschriften kann auch mit empfindlichen Geldbußen belegt werden.

Vielerorts wird eine stärkere Kontrolle (z.B. mittels jugendlicher »Testkäufer«) gefordert und teilweise auch durchgeführt; zudem werden auch für Verkäufer und Personal im Gastgewerbe Schulungen zum Jugendschutzgesetz, zur Alterskontrolle und zum Neinsagen angeboten. Daneben gibt es Ansätze wie das Einrichten eines Jugendschutzteams bei öffentlichen Veranstaltungen – ehrenamtliche Helfer aus Rettungsdiensten, verschiedenen anderen Organisationen und Schulen, die Jugendliche aufklären und danach schauen, ob das Jugendschutzgesetz eingehalten wird.

Alkoholverkauf mit Augenmaß

Die wirkungsvollste Prävention zur Minderung des Alkoholkonsums ist zum einen die gezielte Verteuerung von Alkoholika durch Steuern – was sich deutlich gezeigt hat, nachdem die Sondersteuer für Alkopops Mitte 2004 eingeführt wurde. Zum anderen ist die gesetzlich geregelte Einschränkung der Zugänglichkeit eine der effektivsten Maßnahmen. Wer wann welchen Alkohol bekommt und wer nicht, ist genau im Jugendschutzgesetz festgelegt. Vielfach wird diskutiert, die Abgabe von Alkohol (also auch Bier, Wein & Co.) an Minderjährige generell zu verbieten und ihnen deren Trinken in der Öffentlichkeit nicht zu erlauben.

Verkauf an Tankstellen. Zusätzlich wird überlegt, den Alkoholverkauf an Tankstellen zeitlich oder bzgl. der Art der Alkoholika einzuschränken oder ganz zu verbieten. Durchaus nachvollziehbar, da sich dort Jugendliche besonders gern spontan und nachts angetrunken Nachschub holen oder vor dem Besuch der nahen Disko schon mal »vorglühen«. Zudem ist es schwer zu verstehen, warum gerade an einer Stelle, wo originär Sprit zum Führen eines Fahrzeugs verkauft wird, gleichzeitig »Sprit« erhältlich ist, der sich mit dem Straßenverkehr gar nicht gut verträgt. Interessant ist in diesem Zusammenhang, dass in den letzten zwei Jahrzehnten, in denen Alkohol zunehmend zeitlich unbefristet an Tankstellen erhältlich ist, auch die Zahl der Gewalttaten im öffentlichen Raum, die mit Alkohol in Zusammenhang stehen, angestiegen ist.

Alkoholfreie Zonen. In einigen Städten wie Hamburg, Freiburg, Ilmenau oder Bad Kissingen sind in den letzten Jahren »alkoholfreie Zonen« auf Straßen und öffentlichen Plätzen eingerichtet worden, wo der Alkoholkonsum nicht erlaubt ist. Wieweit diese Polizeiverordnungen allerdings mit geltendem Recht vereinbar sind, darüber wird in den Gerichten noch diskutiert. Erlaubt sind auf jeden Fall Alkoholverbote auf Spielplätzen, Bolzplätzen und Skateranlagen.

All you can drink? Im Fokus sind auch Veranstaltungen, die mit speziellen Billigangeboten à la »10 Euro Eintritt, Getränke frei« werben. Der Bayerische Verwaltungsgerichtshof hat kürzlich dazu einer Diskothek eine entsprechende Veranstaltung untersagt. Nach Empfinden des Gerichts werde damit geradezu eine Einladung zum Alkoholmissbrauch ausgesprochen. Öffentliche »Flatrate-Partys«, bei denen Alkohol an Betrunkene ausgeschenkt wird, sind laut des Bund-Länder-Ausschusses »Gewerberecht« (2007) rechtswidrig. Allerdings nutzt der Einfallsreichtum der Wirte immer wieder Grauzonen aus, um solche Verbote zu umgehen, z. B.

Gutscheine für Freigetränke mit einem hohen Gegenwert.

Das Gesetz der Straße

ZAHLEN UND FAKTEN

Hätten Sie gewusst, dass ...

- ❙ ... in Europa über 10 % der Todesfälle unter jungen Frauen und etwa 25 % der Todesfälle unter jungen Männern in Zusammenhang mit Alkoholkonsum stehen.
- ❙ ... in Deutschland bei Verkehrsunfällen 12 % der Todesfälle und 11 % der Schwerverletzten auf das Konto von Alkohol gehen.
- ❙ ... in Bayern bei Straftaten jeder vierte Heranwachsende alkoholisiert ist, bei Gewalttaten sogar jeder zweite. Dieser Trend – die Zunahme von Delikten unter Alkoholeinfluss – ist auch in den anderen Bundesländern zu spüren.

Alkohol beeinträchtigt schon ab einer geringen Promillezahl im Blut das Reaktionsvermögen sowie die Hör- und Sehleistung und steigert die Risikobereitschaft. Deshalb gibt es in den meisten Ländern eine Promillegrenze, bei deren Überschreiten sich der Verkehrsteilnehmer strafbar macht. Für Deutschland gelten derzeit folgende Regelungen:

▪ Laut Straßenverkehrsgesetz (StVG § 24) begeht jeder automatisch eine Ordnungswidrigkeit, der mit einer Blutalkoholkonzentration (BAK) von **0,5 Promille** (bzw. 0,25 mg/l Alkohol in der Atemluft) oder höher ein Kraftfahrzeug führt – also nicht nur ein Auto, sondern z. B. auch einen Motorroller. Dies kann mit 1–3 Monaten Fahrverbot und einer Geldbuße von bis zu 1 500 Euro geahndet werden. Ab **1,1 Promille** liegt ein Straftatbestand vor (bei Fahrradfahrern ab 1,6 Promille), der mit Geld- oder Freiheitsstrafe, Entzug der Fahrerlaubnis und Punkten in Flensburg geahndet werden kann. Bei einer Blutalkoholkonzentration von **1,6 Promille** oder mehr ist vor dem Wiedererlangen der Fahrerlaubnis eine MPU (»Idiotentest«) obligat.

▪ Schon 0,3 Promille BAK können zur Einstufung der Fahruntüchtigkeit und damit zum Entzug der Fahrerlaubnis führen (mit einer Sperre bis zum Ausstellen eines neuen Führerscheins von mindestens 6 Monaten) – nämlich dann, wenn der Kraftfahrer alkoholbedingte Ausfallerscheinungen zeigt, also einen Fahrfehler begeht, durch eine unsichere Fahrweise auffällt oder in einen Unfall verwickelt wird (selbst wenn dieser unverschuldet ist!). Das gilt übrigens auch für Fahrradfahrer, die alkoholisiert in einen Unfall verwickelt werden – ihnen kann es passieren,

AUF DEN PUNKT

Minderjährigkeit schützt vor Folgen nicht

Wenig bekannt: Ist ein minderjähriger Verkehrsteilnehmer (auch Fußgänger!) betrunken im Straßenverkehr aufgefallen oder hat er gar einen Unfall verursacht oder fällt ein Minderjähriger in Zusammenhang mit einem anderen Delikt auch als stark alkoholisiert auf, können – je nach Ermessen – das Gericht oder die Polizei eine Meldung an die Führerscheinstelle machen. Möchte derjenige später einen Kraftfahrzeugführerschein erwerben, muss er sich dann zunächst einer MPU unterziehen oder es wird eine Zusatzschulung zum Thema Alkohol verlangt.

dass danach der Autoführerschein entzogen wird.

▪ Für Fahranfänger in der 2-jährigen Probezeit und Kraftfahrer unter 21 Jahren gilt ein **absolutes Alkoholverbot** am Steuer.

Null Promille?

Es gibt immer wieder Vorstöße, die Promillegrenze für eine automatische Ordnungswidrigkeit auf 0,3 Promille oder sogar 0 Promille zu senken. Allerdings gibt es keine aussagekräftigen Studien, ob ein komplettes Alkoholverbot im Straßenverkehr die Unfallrate wirklich wirksam verringern könnte.

Schaut man sich die Unfallstatistiken entsprechender Länder an, sind diese recht widersprüchlich.

Eigenverantwortung

Unabhängig von den gängigen Verordnungen sollte man bedenken, dass es vor allem um die durch Alkohol beeinträchtigte Fahrtüchtigkeit geht und man damit nicht nur sich selbst, sondern auch andere Verkehrsteilnehmer gefährdet. Es gibt grobe Schätzungen, nach denen sich bei einer Blutalkoholkonzentration von 0,5 Promille die Unfallgefahr verdoppelt und bei 1,1 Promille um den Faktor 36 erhöht.

Fahranfänger sind durch das Zusammentreffen von Unerfahrenheit im Straßenverkehr und der Wirkung von Drogen besonders unfallgefährdet. Genau da setzt das »PPF – PEER-Projekt an Fahrschulen« (www.peer-projekt. de) an, ein in Magdeburg entwickeltes Präventionskonzept, das im Auftrag der BZgA als Bund-Länder-Kooperationsprojekt mittlerweile in 8 Bundesländern durchgeführt wird. Die Idee ist einfach: Geschulte Gleichaltrige, die selbst gerade Fahranfänger sind, gehen in Fahrschulen und sprechen dort mit den Führerscheinanwärtern über Gefahren und typische Probleme mit Alkohol im Straßenverkehr: »Wie

Sicher fahren mit null Promille

Sprechen Sie mit Ihrem Kind über die Konsequenzen, die das Fahren unter Alkoholeinfluss hat – sowohl die Gefahren für sich und andere als auch die Auswirkungen auf den Führerschein und die Geldbörse. Wenn Ihr Kind eine Disko oder abendliche Veranstaltung besucht, bei der Alkohol getrunken wird, klären Sie vorher, wie es nach Hause kommt. Ob Sie es holen oder mit anderen Eltern eine Fahrgemeinschaft bilden, ob es öffentliche Verkehrsmittel nutzt, Sie ihm das Geld für das Taxi geben oder einer aus der Clique mit Führerschein an diesem Abend auf Alkohol verzichtet und die anderen sicher nach Hause bringt – das ist letztlich egal. Wichtig ist nur, vorher eine Regelung zu finden, die von allen Beteiligten verbindlich eingehalten wird.

komme ich nach einer Party sicher heim?« oder »Was mache ich, wenn sich mein Freund betrunken oder bekifft ans Steuer setzt?« Kein erhobener Zeigefinger, sondern vernünftiges Miteinander-Reden auf gleicher Augenhöhe – das Modell ist so erfolgreich, dass es mittlerweile als »PEER-Drive Clean!« in 9 europäische Staaten exportiert wird.

Verhaltensprävention – das Trinkverhalten beeinflussen

Leider sind Maßnahmen der Aufklärung und Schulung weniger wirksam als Verbote. Dennoch ist die Verhaltensprävention ein wichtiger Baustein im Gesamtkonzept der Alkoholprävention.

Wichtig für den Erfolg von Maßnahmen der Verhaltensprävention sind verschiedene praktische Faktoren, z.B. dass das Konzept zur Zielgruppe passt und diese auch erreicht, dass klare Ziele gesteckt werden, was erreicht werden soll und dass das Programm frühzeitig einsetzt und nachhaltig wirkt. Besonders wirksam sind interaktive Programme, in denen nicht nur Wissen passiv vermittelt, sondern durch aktive Teilnahme z.B. in Diskussionen, Rollenspielen usw. gelernt wird. Und besonders wichtig: Viele Methoden miteinander sind besser als mehrere nebeneinander. Es ist sinnvoll, verschiedene Maßnahmen und Medien zu verzahnen. Dabei sollten sie sowohl allgemeine Punkte beinhalten (z.B. »nein sagen können«) als auch speziell auf die Substanz zugeschnittene Anteile (z.B. »was macht Alkohol«).

Verstehen, vermitteln, verhindern

Aufklärungsmaßnahmen und Schulungsprogramme zielen darauf, risikoarmes Verhalten in Bezug auf den Konsum von Alkohol und anderen Suchtmitteln zu lernen. Es reicht nicht, schädliche Faktoren zu kennen und die Zusammenhänge zu verstehen, sondern sie müssen auch vermittelt werden – ein Arzt, der weiß, dass Rauchen zu Lungen-, Kehlkopf- und Blasenkrebs führt, hilft seinem Patienten erst dann, wenn er mit ihm darüber redet und ihm Möglichkeiten aufzeigt, mit dem Rauchen aufzuhören. Darauf beruht die Idee von Aufklärungskampagnen in den Massenmedien, Aufklärungsunterricht für Schüler und Eltern, aber auch Warnhinweisen auf den Produkten wie Alkopops (und Zigarettenschachteln).

Mindestens genauso wichtig wie die speziellen Aufklärungsmaßnahmen über Alkohol sind sogenannte Lebenskompetenzprogramme (Life-Skill-Trainings). Diese schulen allgemeine Fähigkeiten wie die der Kommunikation, des kritischen Denkens und des Einfühlungsvermögens, den Umgang mit Stress, Problemen und Gefühlen, der Selbstwahrnehmung und des Kontaktknüpfens. Die Idee dahinter ist ganz einfach: Starke, selbstbewusste Kinder sind auch stark im Umgang mit Alkohol und Drogen. Außerdem lassen sich solche Programm bereits bei jüngeren Kindern einsetzen, ohne speziell auf gefährdende Substanzen eingehen zu müssen.

Sie als Eltern können in Ihrem Alltag vor allem an den Stellen Einfluss nehmen, an denen sich Ihr Kind besonders häufig aufhält. Besonders wichtig sind in diesem Zusammenhang die Schule und Vereine.

Prävention in der Schule

Kinder und Jugendliche verbringen in der Schule über viele Jahre einen großen Teil ihrer Zeit, bewegen sich dort sowohl in der Interaktion Lehrer-Schüler als auch im Rahmen ihrer Peergroups. Außerdem besitzen Schulen per se eine Infrastruktur, die der Wissensvermittlung und dem Lernen dient. Und Bildungspläne greifen das Thema Sucht in unterschiedlichen Fächern und Altersstufen auf.

Ob und in welchem Ausmaß zusätzliche Projekte wie Konzeptarbeit oder Suchtwochen angestoßen werden, entscheiden die Schulen selbst. Da es keine einheitlichen Regelungen gibt, müssen sie sich vor Ort über das Angebot und die Möglichkeiten informieren. Hilfe, um sich im Dschungel der bundes- und landesweit, oft aber auch nur lokal angebotenen großen und kleinen Präven-tionsprojekte zurechtzufinden, bieten zum Beispiel Suchtberatungsstellen, aber auch die Polizei. Es ist Aufgabe des schulischen Suchtpräventionsbeauftragten (»Präventionslehrer«), die Ansprechpartner zu kennen und sich über Angebote zu informieren.

Wünschenswert und sinnvoll wäre, dass Präventionsprogramme möglichst bereits in der Grundschule beginnen und in den Sekundarstufen I und II fortgeführt werden. Sie sollten mit einem klassen- und schulformübergreifenden Kurskonzept versehen sein und flächendeckend angewendet bzw. in Schulprogramme und Lehrpläne integriert werden. Leider sind wir davon in Deutschland weit entfernt. Häufig wird nicht vorbeugend agiert, sondern erst aus konkretem Anlass und dann recht ungezielt reagiert. Der Effekt eines solch vereinzelten Aktionismus ist allerdings mehr als fraglich.

Durchblick für Eltern

Für Eltern ist es oft nicht so einfach zu durchschauen, welche Angebote es wo für welche Altersstufe gibt. Falls keine Aktivitäten von den Lehrern und der Schule ausgehen, können Sie durchaus nachfragen, was im Einzelnen zur Alkohol- oder Suchtprävention bzw. Gesundheitsförderung getan wird. An weiterführenden Schulen gibt es einen Präventionslehrer, der prüft, welche Projekte existieren oder der Informationsveranstaltungen für die Schüler oder Eltern organisiert. Er ist auch der erste Ansprechpartner für Schüler und Kollegen, wenn Probleme auftreten. Er weiß meist am besten, wohin man sich wenden kann, und er kann ggf. den Kontakt z. B. zu einer Beratungsstelle weitervermitteln. In vielen Schulen gibt es allerdings keinen speziellen Präventionslehrer, sondern dessen Aufgabe wird von einem Beratungslehrer mit übernommen.

In der Tabelle auf S. 144 finden Sie eine Auswahl von Präventionskonzepten und -programmen zur Verbesserung der Lebensfertigkeiten und zum Umgang mit Alkohol, die in den Unterricht integriert werden können. Vielleicht können Sie mit ein paar Anregungen im Gepäck zum nächsten Elternabend marschieren?

INTERVIEW

Eine Lehrerin kommt zu Wort

Frau Hildegard Fleischer arbeitet als Lehrerin an einer Hamburger Gesamtschule und als Teilzeitkraft im Hamburger SuchtPräventionsZentrum (SPZ). Ob bei Elternabenden oder bei Lehrerschulungen – das Thema Alkoholprävention unter vielen Blickwinkeln und dessen Umsetzung in der Schule gehört zu ihrem täglichen Brot.

Prävention in den Schulen ist wichtig. Schwierig ist allerdings, dass für ihre Umsetzung keine einheitlichen und verbindlichen Regeln existieren und die Schulen ihr einen sehr unterschiedlichen Stellenwert einräumen. Deshalb sind auch die Eltern gefragt: Sie dürfen und sollen sich ruhig erkundigen, was getan wird. Sie können sich miteinander austauschen und zusammen mit den Lehrern Prävention ins Rampenlicht des Schulalltags rücken.

Erste Ansätze

Das Thema Alkohol kommt meist in der 7. oder 8. Klasse bei einem Elternabend zur Sprache. Die Kinder erzählen plötzlich zu Hause, dass auf Festen ihrer gleichaltrigen Freunde auch mal Alkohol getrunken wird. Oder die Eltern fangen an, sich Sorgen zu machen, da ihr Kind so langsam in die Pubertät und dabei z. B. auf Musikveranstaltungen auch mit Alkohol in Berührung kommt. Oft entsteht dann schon mal eine lebhafte Diskussion, weil auch die anderen Eltern ähnliche Sorgen umtreiben. Die Eltern fragen sich, wie sie selbst mit dem Thema umgehen sollen und was zur Alkoholprävention in der Schule getan wird. Genau solche Fragen werden dann an die auf dem Elternabend anwesenden Lehrkräfte herangetragen.

Weitere Schritte

Daraus können sich dann weitere Aktionen entwickeln: ein Elternnetzwerk, das gegründet wird, um sich auszutauschen und Projekte anzuregen oder zu initiieren. Ein Elternabend, zu dem ein Präventionsexperte eingeladen wird. Eine Projektwoche mit Kindern (und Eltern) zum Thema Alkohol oder die Teilnahme an Wettbewerben zur Alkoholprävention. Wir im SPZ bieten auch an, Schüler und Schülerinnen zu so genannten Peers auszubilden, die an den Schulen Aktionen zum Thema Alkoholprävention initiieren und als »Ansprechpartner auf gleicher Augenhöhe« für ihre gleichaltrigen Mitschüler und Mitschülerinnen zur Verfügung stehen. Daneben bieten wir Elterntrainings an, bei denen sich Eltern Sicherheit und Wissen im Umgang mit dem Thema Alkohol holen können.

Ein Präventionsabend für Eltern

Ich werde oft gebeten, in meiner Funktion als Präventionsexpertin an Elternabenden teilzunehmen. Ziel ist, die Eltern sicherer im Umgang mit dem Thema Alkohol zu machen, ihnen zu vermitteln, dass sie nicht allein stehen mit ihren Sorgen, ihnen ein paar Möglichkeiten an die Hand zu geben, wie sie mit ihrem Kind und typischen Situationen umgehen können.

Zum einen geben wir ihnen Informationen z. B. über das Jugendschutzgesetz und über neueste Untersuchungen zum Alkoholkonsum bei Jugendlichen. Besonders bei Eltern von älteren Schülern ist es wichtig, auf den Zusammenhang von Alkoholkonsum und Gewalt sowie frühzeitig auf die Bedeutung von Alkohol im Straßenverkehr hinzuweisen.

Zum anderen legen wir auch großen Wert darauf, Wissen anhand konkreter Situationen zu vermitteln bzw. den Eltern zu zeigen, wie sie in bestimmten Situationen zu Lösungen gelangen können. So stellen wir typische Problemfelder mit Alkohol aus dem Familienalltag nach und die Eltern erarbeiten miteinander Lösungsstrategien, die anschließend gemeinsam diskutiert werden.

INTERVIEW

Ein typischer Fall. Die Eltern holen ihre 14-jährige Tochter von der Geburts-tagsparty einer Freundin ab. Die Tochter erscheint pünktlich zum verabre-deten Termin an der Haustür. Die Eltern bemerken, dass die Tochter auf dem Weg zum Auto leicht schwankt und nach Alkohol riecht. Wie sollen die Eltern sich verhalten?

In jedem Fall ist das Gespräch mit der Tochter zu suchen, evtl. erst am nächsten Tag, wenn die Tochter wacher und besser zugänglich ist. Dann sollte geklärt werden, was und wie viel getrunken wurde, wie es dazu kam und ob es das erste Mal war oder regelmäßig vorkommt. Die Eltern sollten ihren Standpunkt ohne moralische Vorhaltungen klarmachen und deutlich Stellung beziehen, dass sie den Alkoholkonsum ihrer Tochter nicht guthei-ßen (auch auf die Gefahr hin, dass sie als Spielverderber oder als uncool gelten). Evtl. ist ein Gespräch mit den Eltern der Freundin sinnvoll, um ge-meinsame Regeln und deren Kontrolle für das nächste Mal zu vereinbaren. Die Eltern sollten verdeutlichen, dass sie ihrer Tochter vertrauen und keine Partyverbote aussprechen wollen. Wichtigstes Prinzip: im Kontakt mit ihrem Kind bleiben!

Deutlich wird bei dieser Arbeit immer, wie schwierig für Eltern der Spagat zwischen dem Bemühen um das freundschaftliche Vertrauen ihres Kindes auf der einen und der Notwendigkeit klarer Regeln und deren Einhalten auf der anderen Seite ist.

Häufige Fragen

Sowohl von den Eltern als auch den Lehrern werden immer wieder ganz typische Fragen gestellt, z. B.: »Meine Tochter erzählte mir kürzlich, dass bei einer ihrer Freundinnen immer ziemlich viel gesoffen wird, wenn sturmfreie Bude ist. – Soll ich da etwas tun? Was ist das Beste? Wie gebe ich meiner Tochter das Gefühl, ihr Vertrauen nicht zu missbrauchen, wenn ich mich mit anderen Eltern darüber austausche oder das Problem an den Klassenlehrer herantrage?« oder »Wie verhalte ich mich, wenn bei uns gefeiert wird?« Oder klassische Fragen von Lehrern: »Wie soll ich bzw. die Schule reagie-ren, wenn auf Klassenreisen getrunken wird oder wenn Schüler mit Alkohol erwischt werden?« und »Welche Regeln für Alkoholkonsum gelten auf Schul-festen?«

Auch das gehört zur Prävention: verbindliche Regeln aufzustellen, poten-ziell gefährdende Situationen zu erkennen und entsprechend zu reagieren – damit helfen Eltern und Lehrer den Kindern, verantwortungsvollen Umgang mit Alkohol zu lernen und riskanten Konsum zu vermeiden.

Prävention im Verein

Ist Sport gesund oder doch eher »Mord« – das fragt sich der eine oder andere vermutlich bei den Schlagzeilen der letzten Jahre über gedopte Sportler, ehrgeizige Trainer, bestechliche Schiedsrichter und Prügeleien auf dem Spielfeld. Ist der Sportverein wirklich ein Ort, wo Eltern ihre Kinder unbesorgt lassen können, in der Hoffnung, dass die regelmäßige Bewegung in der Gruppe das Immunsystem unterstützt, Krankheiten vorbeugt, Körper, Geist und Psyche stärkt, Aggressionen abbaut, die soziale Kompetenz festigt? Oder müssen sie sich eher Sorgen machen, dass hinter geschützten Mauern die Alkoholflaschen kreisen und Zigaretten die Runde drehen?

Nur Sport?

Trainer und Leiter von Jugendgruppen haben eine verantwortungsvolle Aufgabe. Sie müssen nicht nur die direkten Aktivitäten, für die sie primär ausgebildet sind, vermitteln und die Heranwachsenden entsprechend fordern und fördern, sondern sie dienen auch als Vorbild für Verhalten und Werte, als Ansprechpartner bei Problemen, Vermittler bei Konflikten und als Infobörse. Eine Analyse in der Schweiz hat gezeigt, dass zwar die Häufigkeit sportlicher Betätigung den Konsum von Alkohol und Drogen mindert, dieser aber dafür

mit der Dauer der Vereinszugehörigkeit wiederum ansteigt. Damit sind die Sportvereine doppelt gefordert: Sie sollten Alkoholkonsum, der in der Gruppe »automatisch« ansteigt, wahrnehmen und diesem entgegenwirken. Und im Idealfall sollten sie schon vorab Maßnahmen zur Suchtvorbeugung ergreifen, damit der Pegel gar nicht erst ansteigt.

Zentrale Aufgabe ist, die Vereine für diese Aufgabe überhaupt erst zu sensibilisieren und dann entsprechend zu qualifizieren. Beispiel für solch eine Form der Jugendarbeit sind die Kampagne der BzGA »Kinder stark machen« (www.kinderstarkmachen.de) und die Schweizer Kampagne »cool and clean« (www.coolandclean.ch), die sich für fairen und sauberen Sport einsetzen. Dabei werden Vereine und Spitzensportler als Botschafter mit Vorbildfunktion gewonnen und verantwortliche Erwachsene in den Vereinen im Umgang mit Problemsituationen und Suchtgefährdung geschult. Weitere Beispiele finden Sie in der Tabelle auf S. 144.

Alltagsschwierigkeiten

Wegsehen? Leider klaffen Anspruch und Wirklichkeit nicht selten auseinander. Gerade kleinere Vereine haben nur geringe Geldmittel und sind für jeden zusätzlich eingenommenen oder weniger ausgegebenen Cent dankbar. Selbst wenn die Jugendleiter das Thema Alkohol als Problem wahrnehmen, bedeutet das nicht zwingend, dass die Entscheidungsträger in den Vereinen bereit sind, in Prävention zu investieren. So fallen beispielsweise in Landesverbänden zum Suchtthema angebotene Jugendleiterschulungen immer wieder mangels Anmeldungen aus. Nicht, weil das Thema Geselligkeitstrinken im Verein nicht bekannt oder kein Problem wäre, sondern weil kein Geld dafür übrig ist. Um die Finanzen aufzupolieren, gehört auf Vereinsfesten der Alkoholverkauf meist dazu, ebenso wie die Zusammenarbeit mit einem Sponsor, selbst wenn es ein Hersteller alkoholischer Getränke ist.

Hinsehen und etwas tun! Trotzdem gibt es immer wieder Positivbeispiele: ehrenamtliche Jugendleiter, die sich in ihrer Freizeit auch noch für Aufklärung stark machen, Vereine und Gemeinden, die Projektwochen auf die Beine stellen. Auch Sie als Eltern können dazu beitragen, dass Sportvereine wirklich ein Schutzraum sind. Schauen Sie sich den Verein genau an, fragen Sie im Freundeskreis nach Erfahrungen. Tun Sie sich mit anderen Eltern zusammen, sprechen Sie das Thema bei der nächsten Verbandsitzung an, fragen Sie nach, was konkret gegen die Gefährdung durch Alkohol und andere Drogen im Verein getan wird. Vielleicht können Sie zusammen etwas auf die Beine stellen? Gute Tipps finden Sie auf der Website www.kinderstarkmachen.de.

INTERVIEW

Ein Trainer kommt zu Wort

David Herbert ist Schulleiter und 1. Vereinsvorsitzender des Tatsu-Ryu-Bushido Dojo Mannheim e. V. (www.bushido-mannheim.de), der dem deutschen Verband »Deutsche Tatsu-Ryu-Bushido Kai e. V.« angegliedert ist. Der Verein lehrt mit japanischer Kampfkunst nicht nur eine ungewöhnliche Sportart, sondern setzt sich auch außergewöhnlich für Prävention im Sport ein.

Die Auslöser

Wie wohl in vielen Vereinen üblich, wurde auch bei uns nach Vereinsveranstaltungen von einigen Ausbildern immer noch gerne gefeiert. Dazu gehörte »selbstverständlich« auch Alkohol. Immer in Maßen geduldet, schlugen dann doch einige über die Stränge. Besonders als dann auch noch Minderjährige – unter Anwesenheit unseres damals leitenden Ausbilders – mitfeierten, eskalierte die Situation: Hochprozentiges und neben Tabak auch Cannabis, führte bei mindestens einem der Jugendlichen zum körperlichen Zusammenbruch. Recherchen ergaben, dass dies wohl kein Einzelfall war (anscheinend wurde der Joint schon öfter herumgereicht), sich lediglich bisher unserer Kenntnis entzog. Zu der klaren Aufsichtspflichtverletzung kam also noch eine absolut nicht tragbare Straftat. Der leitende Ausbilder wurde ausgeschlossen und dem Jugendamt sowie der Staatsanwaltschaft gemeldet. Andere beteiligte Ausbilder wurden getadelt und teilweise ausgeschlossen und sind mittlerweile ebenfalls nicht mehr Mitglied.

Die Konsequenzen

Aufgrund dieser krassen Vorkommnisse, die es sicher in ähnlicher Weise auch in vielen anderen Vereinen gibt, hat unser Verband beschlossen, seine Regularien zu verschärfen und Alkohol nur noch stark eingeschränkt zu gestatten (Drogen sind selbstverständlich nach wie vor absolut verboten). Stattdessen legen wir verstärkt Wert auf die Qualifikation unserer Ausbilder. Diese müssen neben allgemeinen Voraussetzungen (erfolgreich abgelegte Lizenzprüfung, Mindestalter von 18 bzw. – als Betreuer – 16 Jahren, Vorlage eines polizeilichen Führungszeugnisses ohne Eintragungen, Absolvieren eines großen Erste-Hilfe-Kurses) auch eine zusätzliche Schulung in Sucht- bzw. Gewaltprävention oder einen vergleichbaren Lehrgang vorweisen.

Außerdem müssen die Ausbilder gewisse Verhaltens- und charakterliche Eigenschaften aufweisen – schließlich haben sie Vorbildfunktion und stehen auch in der Öffentlichkeit. Dazu wurden unsere »Dojo-Regeln« (Verhalten im Unterricht) auch auf öffentliche Veranstaltungen und Auftritte sowie für Ausbilder auch im gewissen Umfang auf das Privatleben ausgeweitet.

Alle ehemaligen Ausbilder werden auf der Internetseite des Verbandes aufgeführt, mit dem Zusatz, ob sie ausgetreten sind oder ausgeschlossen wurden. Diese Liste sorgt für Transparenz und Klarheit und warnt ggf. andere Vereine vor diesen »Schwarzen Schafen«. Zwar hat sich dadurch unser Ausbilderstab stark reduziert, dafür aber die Qualität erheblich verbessert. Und wir wissen, wer vor unseren Kindern und Jugendlichen steht.

Drogenprävention

Als Teil des deutschen Verbandes haben wir im Mannheimer Verein die Initiative ergriffen und eine Schulung zum Thema Suchtprävention organisiert. Über den BWLV (Baden-Württemberg. Landesverband für Prävention und Rehabilitation) sind wir kurzfristig in das Programm LaOla gerutscht.

Der Verband unterstützt »Keine Macht der Drogen« (womit wir auch offen werben) und strebt das Qualitätssiegel »Sport pro Gesundheit« an. Obwohl oder gerade weil wir ein kleiner, junger Verband mit einem jungen Ausbilder- und Mitarbeiterteam aus den unterschiedlichsten Bereichen sind, können und wollen wir etwas bewegen.

INTERVIEW

Verhaltensprävention

Diese Übersicht zeigt einen exemplarischen Ausschnitt aus den zahlreichen größeren und kleineren Präventionsmaßnahmen in Deutschland, um zu zeigen, wie solche Maßnahmen aussehen können. Vor Ort existieren zahlreiche weitere Angebote.

Programm/ Maßnahme	Für wen/wann/wo	Was
Mäxchen trau dich	**Kindergarten:** 3- bis 6-Jährige	Mobiles Kindertheater zur Suchtvorbeugung für Kindergartenkinder. Die Handpuppe Mäxchen ist zusammen mit Schauspieler Hans Suffner Hauptakteur eines Theaterstücks, bei dem die Kinder aktiv einbezogen werden und lernen, mit Ängsten und Schwächen umzugehen
Papilio® (www.papilio. de)	**Kindergarten:** 4- bis 7-Jährige	bundesweites Programm zur Vorbeugung gegen die Entwicklung von Sucht und Gewalt und der Förderung sozial-emotionaler Kompetenz im Kindergarten; vermittelt von Erzieherinnen, die sich entsprechend fortbilden
Klasse2000 (www. klasse2000.de)	**Schule:** Klassen 1–4	bundesweit größtes, interaktives Programm zur Gesundheitsförderung, Sucht- und Gewaltvorbeugung in der Grundschule: mit Spielen und Rollenspielen, Musik u.v.m. – vermittelt von Lehrern und speziell geschulten Klasse2000-Gesundheitsförderern
Fit und stark fürs Leben (Ernst-Klett-Verlag)	**Schule:** Klassen 1–2, 3–4, 5–6 (modular)	Unterrichtsprogramm in Süddeutschland ab der Grundschule zur Ich-Stärkung und Persönlichkeitsförderung durch Prävention gegen Gewalt, Aggressionen, Stress und Sucht; vermittelt von den Lehrern, die dafür die entsprechenden Bücher mit Anleitungen erhalten; Substanzschwerpunkt allerdings das Rauchen (ab 3. Klasse)
Eigenständig werden (www.eigen staendig werden.de)	**Schule:** Klassen 1–4	Unterrichtsprogramm in Schleswig-Holstein und Hamburg zur Gesundheitsförderung und Prävention des Substanzmissbrauchs bei Kindern in der Grundschule; vermittelt von den Lehrern, die extra geschult werden (Unterrichtsmaterialien, Spiele, Lieder-CD, Elternarbeit)

Programm/ Maßnahme	Für wen/wann/wo	Was
ALF – allgemeine Lebenskompetenzen und Fertigkeiten (Schneider Verlag, Hohengehren)	**Schule:** Klassen 5–6	bundesweites Unterrichtsprogramm zur Suchtprävention, vermittelt von den Lehrern, die dafür 2 Handbücher mit Anleitungen erhalten
Erwachsen werden (www.lions-quest.de)	**Schule:** Klassen 5–10	bundesweites Präventionsprogramm (Unterrichtsmaterialien plus Elternbriefe), das Schülerinnen und Schüler im Alter von 10 bis 15 Jahren auf die selbständige Bewältigung der bevorstehenden Aufgaben ihrer Lebensphase vorbereitet
Mädchen SUCHT Junge www.maedchensucht junge-bh.de	**Schule:** ab Klasse 7; Jugendzentren und andere Einrichtungen	interaktives Lernprojekt für geschlechterspezifische Suchtprävention: Ausstellung, die ausgeliehen werden kann, plus Workshop mit speziellen Trainern
Aktion Glasklar (www.aktion glasklar.de)	**Internet, Printmedien:** Kinder und Jugendliche bis 16, Jugendliche ab 16, Eltern und erwachsene Bezugspersonen	Präventions- und Informationsprogramm, das verschiedene Betroffene direkt anspricht und zur Auseinandersetzung mit dem Thema Alkohol anregt; mit Quiz, Selbsttests; vom Institut für Therapie- und Gesundheitsforschung (IFT) in Zusammenarbeit mit der DAK
Kinder stark machen (www.kinderstark-machen.de)	**Internet, Printmedien, vor Ort (Sportvereine, soziale Einrichtungen ...):** alle Erwachsenen, die Verantwortung für Kinder und Jugendliche tragen (Eltern, Trainer, Jugendarbeiter etc.)	Kampagne der Bundeszentrale für gesundheitliche Aufklärung (BzGA), um die Lebenskompetenzen Heranwachsender zu stärken, damit sie auch in schwierigen Lebenssituationen »Nein« sagen können zu Tabak, Alkohol und anderen Suchtmitteln; jährliche Tour eines »Kinder-stark-machen«-Teams, das rund 30 Familien- und Sportveranstaltungen in ganz Deutschland besucht; außerdem Infomaterialien
Keine Macht den Drogen (www.kmdd.de)	**Internet:** Kinder, Jugendliche, Eltern, Lehrer; **Schule:** Klassen 5–10; **Freizeit** (Adventure Camp): 11- bis 15-Jährige; u.a.	zahlreiche Projekte in verschiedenen Medien; die sich auch an mehrere Zielgruppen richten. Einen Überblick über laufende und geplante Maßnahmen gibt es auf der Website

145

Verhaltensprävention

Programm/ Maßnahme	Für wen/wann/wo	Was
drugcom (www. drugcom.de)	Internet: für ältere Jugendliche und jüngere Erwachsene, Eltern und andere Ratsuchende	Internetportal der Bundeszentrale für gesundheitliche Aufklärung (BZgA), das über legale und illegale Drogen informiert, die Möglichkeit bietet, sich auszutauschen oder auf unkomplizierte Weise professionelle Beratung in Anspruch zu nehmen.
Na Toll / Bist du stärker als der Alkohol (www. bist-du-staerker-als-alkohol.de)	Freizeit (Plakat- und Postkartenserien, Internet, Broschüren & Zeitschriften): 15- bis 25-Jährige	Mittels geschulter Peers als Vermittler »auf Augenhöhe« werden auf Großveranstaltungen, Musikfestivals, in Jugendherbergen, in Sommerferien etc. die Jugendlichen gezielt angesprochen.
Stay gold (www.staygold. eu)	Freizeit/ Sport/ Schule/ Verein/ Internet: Jugendliche	Eine Kampagne der Polizeilichen Kriminalprävention der Länder und des Bundes gegen das Komasaufen, für die prominente Sportler als »Botschafter« gewonnen wurden.
Cool and clean (www.coolandclean.ch)	Freizeit/ Sport: 10- bis 20-Jährige, Trainer	größtes Schweizer Präventionsprogramm im Sport für »fairen und sauberen« Sport
ginko Stiftung für Prävention/ Koordination der Suchtvorbeugung NRW (www.ginko-ev.de)	Familienbildung, Kindertagesstätten, Schulen, Betriebe etc.	Präventionsprojekte sowohl im kommunalen Bereich als auch auf Landesebene, Beratung von Fachkräften und Betroffenen
PEER-Projekt an Fahrschulen/ PEER-Drive Clean (www. peer-projekt.de)	Fahrschulen	in Deutschland entwickeltes, mittlerweile als europäisches Modellprojekt in 9 weiteren Ländern laufende Maßnahme zur Information und Aufklärung für Fahrschüler und junge Fahrer über die Gefahren von Alkohol & Drogen im Straßenverkehr; vermittelt von geschulten Gleichaltrigen

Übrigens: Auf der Website der Bundeszentrale für gesundheitliche Aufklärung (www.bzga.de) finden Interessierte eine Veröffentlichung von Bühler und Heppekausen aus dem Jahr 2005, die sich mit dem Thema »Gesundheitsförderung durch Lebenskompetenzprogramme« auseinandersetzt. Einfach in das Suchfeld »Lebenskompetenzprogramme« eingeben.

Hilfe suchen und finden

Erste Anlaufstellen

Sie brauchen Beratung oder Hilfe und wissen nicht genau, wo Sie diese bekommen? Wenden Sie sich an einen der bundesweit agierenden Verbände der Suchtkrankenhilfe – der kann mit Informationen oder Adressen bei Ihnen vor Ort weiterhelfen. Eine gute Anlaufstelle im Internet ist **www.das-beratungsnetz.de**, wo Sie themenspezifisch nach Beratungsstellen suchen können. Allgemeine Informationen zu den Themen Gesundheit, Drogen und Sucht erhalten Sie auch bei Behörden.

Verbände der Suchtkrankenhilfe

Caritas Suchthilfe e.V. (CaSu)
Bundesverband der Suchthilfeeinrichtungen im Deutschen Caritasverband
Karlstraße 40, 79108 Freiburg
Telefon: 07 61/2 00-3 63
E-Mail: casu@caritas.de
Internet: www.caritas-suchthilfe.de

Deutsche Hauptstelle für Suchtfragen (DHS) e.V.
Westenwall 4, 59065 Hamm
Telefon: 0 23 81/90 15-0
E-Mail: info@dhs.de
Internet: www.dhs.de

Blaues Kreuz in Deutschland e.V.
Schubertstraße 41, 42289 Wuppertal
Telefon: 02 02/6 20 03-0
E-Mail: bkd@blaues-kreuz.de
Internet: www.blaues-kreuz.de

Bundesbehörden

Bundeszentrale für gesundheitliche Aufklärung (BzgA)
Ostmerheimer Str. 220, 51109 Köln
Telefon: 02 11/89 92-0
E-Mail: poststelle@bzga.de
Internet: www.bzga.de

Bundesministerium für Gesundheit (BMG)
Die Drogenbeauftragte der Bundesregierung
Friedrichstraße 108, 11055 Berlin
Telefon: 0 30/1 84 41-1452
E-Mail: drogenbeauftragte@bmg.bund.de
Internet: www.drogenbeauftragte.de

Adressen kinder- und jugendpsychiatrischer klinischer Abteilungen mit suchtspezifischem Angebot (Stand 2008)

Baden-Württemberg

Zentrum für Psychiatrie – Die Weissenau
Abteilung für Psychiatrie und
Psychotherapie
des Kindes- und Jugendalters
Weingartshofer Straße 2
88214 Ravensburg
Tel.-Nr. +49 (0)7 51/76 01-23 02
Fax-Nr. +49 (0)7 51/76 01-24 13
E-Mail: renate.schepker@zfp-weissenau.de
Internet: www.zfp-web.de
Leiterin: Prof. Dr. med. Renate Schepker

Bayern

Josefinum
Kapellenstraße 30
86154 Augsburg
Tel.-Nr. +49 (0)8 21/24 12-4 36
Fax-Nr. +49 (0)8 21/24 12-3 71
E-Mail: Info@Josefinum.de
Internet: www.josefinum.de
Leiter: Dr. med. Ludolf Winkler

Heckscher Klinik für Kinder- und Jugendpsychiatrie und Psychotherapie
des Bezirks Oberbayern
Deisenhofener Straße 28
81539 München
Tel.-Nr. +49 (0)89/99 99-0
Fax-Nr. +49 (0)89/99 99-11 11
E-Mail: info@Heckscher-Klinik.de
Internet: www.heckscher-klinik.de
Leiter: Dr. med. Franz Joseph Freisleder

Berlin

Vivantes Klinikum Hellersdorf
Klinik für Kinder- und Jugendpsychiatrie
und Psychotherapie
Brebacher Weg 15
12683 Berlin
Tel.-Nr. +49 (0)30/56 80-37 00
Fax-Nr. +49 (0)30/56 80-37 02
E-Mail: oliver.bilke@vivantes.de
Internet: www.vivantes.de
Leiter: Dr. med. Oliver Bilke

Hamburg

Universitätsklinikum Hamburg-Eppendorf
Klinik und Poliklinik für Psychiatrie
und Psychotherapie
des Kindes- und Jugendalters
Bereich Suchtstörungen
Martinistraße 52
20246 Hamburg
Tel.-Nr. +49 (0)40/4 28 03-42 17
Fax-Nr. +49 (0)40/4 28 03-89 45
E-Mail: drogenambulanz@uke.uni-hamburg.de
Internet: www.uke.de
Leiter: Prof. Dr. med. Rainer Thomasius

Mecklenburg-Vorpommern

Hanse-Klinikum Stralsund GmbH
Krankenhaus »West«
Klinik für Kinder- und Jugendpsychiatrie,
Psychotherapie und Psychosomatik
Rostocker Chaussee 70
18437 Stralsund
Tel.-Nr. +49 (0)38 31/45 26-00
Fax-Nr. +49 (0)38 31/45 26-05
E-Mail:
kinder-jugend-psychiatrie@klinikum-hst.de
Internet: www.klinikum-stralsund.de
Chefarzt: Dr. med. Martin Herberhold

Erste Anlaufstellen

Niedersachsen

Kinderkrankenhaus auf der Bult
Abteilung Kinder- und Jugendpsychiatrie
und Psychotherapie
Janusz-Korczak-Allee 12
30173 Hannover
Tel.-Nr. +49 (0)511/8115-0
Fax-Nr. +49 (0)511/8115-190
E-Mail: info@hka.de
Internet: www.hka.de
Leiter: Dr. med. Christian Schnetzer

Nordrhein-Westfalen

Westfälische Kinder- und Jugendklinik Marsberg
Abteilung Kinder- und Jugendpsychiatrie
und -psychotherapie
Bredelarer Straße 33
34431 Marsberg
Tel.-Nr. +49 (0)2992/601-4000
Fax-Nr. +49 (0)2992/601-3103
E-Mail: wkkjpp-marsberg@wkp-lwl.org
Internet:
www.jugendpsychiatrie-marsberg.de
Leiter: Dr. med. Falk Burchardt

Kinderkrankenhaus Amsterdamer Straße (Riehl)
Klinik für Kinder- und Jugendpsychiatrie
und Psychotherapie
Florentine-Eichler-Straße 1
51067 Köln
Tel.-Nr. +49 (0)221/8907-2011
Fax-Nr. +49 (0)221/8907-2052
E-Mail: postservice@kliniken-koeln.de
Internet: www.klinikenkoeln.de
Leiter: Prof. Dr. med. Christoph Wewetzer

Kreiskrankenhaus Gummersbach GmbH
Kaiserstraße 75
51643 Gummersbach

Tel.-Nr. +49 (0)2261/80593
Fax-Nr. +49 (0)2261/816640
E-Mail: info@kkh-gummersbach.de
Internet: www.kkh-gummersbach.de
Chefarzt: Dr. rer. nat. Dipl.-Psych.
Peter Melchers

Rheinische Kliniken Essen
Klinik für Kinder- und Jugendpsychiatrie und Psychotherapie
Universität Duisburg-Essen
Virchowstraße 174
45147 Essen
Tel.-Nr. +49 (0)201/7227-465
Fax-Nr. +49 (0)201/7227-302
E-Mail: johannes.hebebrand@uni-essen.de
Internet: www.uni-essen.de/kjp/index.html
Leiter: Prof. Dr. med. Johannes Hebebrand

Rheinische Kliniken Viersen
Kliniken für Psychiatrie und Psychotherapie des Kindes- und Jugendalters
Horionstraße 14
41749 Viersen
Tel.-Nr. +49 (0)2162/9650-14
Fax-Nr. +49 (0)2162/9650-38
E-Mail: rk.viersen@lvr.de
Internet: www.rk-viersen.lvr.de/
Leiterin: Dr. med. Ursula Kirsch

Westfälische Klinik Marl-Sinsen-Haardklinik
Kinder- und Jugendpsychiatrie
und -psychotherapie
Halterner Straße 525
45770 Marl
Tel.-Nr. +49 (0)2365/802-0
Fax-Nr. +49 (0)2365/802-211
E-Mail: westf.klinik.marl@wkp-lwl.org
Internet: www.jugendpsychiatrie-marl.de
Leiter: PD Dr. med. Rainer Georg Siefen

Westfälisches Institut Hamm
Kinder- und Jugendpsychiatrie
und -psychotherapie
Heithofer Allee 64
59071 Hamm
Tel.-Nr. +49 (0)23 81/8 93-0
Fax-Nr. +49 (0)23 81/8 93-2 02
E-Mail: westf.institut.hamm@wkp-lwl.org
Internet: www.jugendpsychiatrie-hamm.de
Leiter: Dr. med. Khalid Murafi

Sachsen

Sächsisches Krankenhaus Arnsdorf
Klinik für Kinder- und Jugendpsychiatrie
und -psychotherapie
Hufelandstraße 15
01477 Arnsdorf
Tel.-Nr. +49 (0)3 52 00/26 28 61
Fax-Nr. +49 (0)3 52 00/26 31 57
E-Mail:
Heike.Wenzel@skhar.sms.sachsen.de
Internet: www.skh-arnsdorf.de
Chefarzt: PD Dr. med. Peter Hummel

Park-Krankenhaus Leipzig-Südost GmbH
Klinik für Kinder- und Jugendpsychiatrie,
Psychosomatik und Psychotherapie
Morawitzstraße 2
04289 Leipzig
Tel.-Nr. +49 (0)3 41/8 64-12 50
Fax-Nr. +49 (0)3 41/8 64-21 08
E-Mail: edelhard.thoms@
parkkrankenhaus-leipzig.de
Internet: www.parkkrankenhaus-leipzig.de
Chefarzt: Dr. med. Edelhard Thoms

Sachsen-Anhalt

Krankenhaus St. Elisabeth und St. Barbara
Kinderzentrum
Klinik für Kinder- und Jugendpsychiatrie
und -psychotherapie
Barbarastraße 4
06110 Halle (Saale)
Tel.-Nr. +49 (0) 3 45/2 13 59-01
Fax-Nr. +49 (0) 3 45/2 13 59-03
E-Mail:
hausmann@krankenhaus-halle-saale.de
Internet: www.krankenhaus-halle-saale.de
Chefärztin: Dr. med. Ute Hausmann

SALUS gGmbH
Fachkrankenhaus Uchtspringe
Klinik für Kinder- und Jugendpsychiatrie,
Psychosomatik und Psychotherapie
Kraepelinstraße 6
39599 Uchtspringe
Tel.-Nr. +49 (0)3 93 25/70-3 01
Fax-Nr. +49 (0)3 93 25/70-3 03
E-Mail: kh-leitung@uchtspringe.de
Internet: www.uchtspringe.de
Chefärztin: Dr. med. Ute Ebersbach,
Dr. med. Beate Schell

Schleswig-Holstein

Schlei-Klinikum Schleswig FKSL
Klinik für Kinder- und Jugendpsychiatrie
Friedrich-Ebert-Straße 5
24837 Schleswig
Tel.-Nr. +49 (0)46 21/83-16 00
Fax-Nr. +49 (0)46 21/83-48 01
E-Mail: martin.jung@damp.de
Internet: www.fachklinik-schleswig.de
Chefarzt: Dr. med. Martin Jung

Internettipps

In den Weiten des Web finden sich zahllose Seiten rund um die Themen Alkohol und Drogen – manche hochoffiziell von Ministerien, Vereinen und Verbänden, andere im Rahmen von Präventionsmaßnahmen, wieder andere von Kliniken oder auch privat betrieben. Naturgemäß kann an dieser Stelle nur eine kleine Auswahl dargestellt werden.

Informationen und Forschung

- **www.bmg.bund.de:** Bundesministerium für Gesundheit (BMG)
- **www.bvek.org:** Bundesverband der Elternkreise suchtgefährdeter und suchtkranker Söhne und Töchter e.V. (BVEK)
- **www.dbdd.de:** Deutsche Referenzstelle für die Europäische Beobachtungsstelle für Drogen und Drogensucht (DBDD); gibt am Ende jeden Jahres den REITOX-Bericht zum aktuellen Stand der Drogenproblematik in Deutschland heraus
- **www.dg-sucht.de:** Deutsche Gesellschaft für Sucht
- **www.dgkjp.de:** Deutsche Gesellschaft für Kinder- und Jugendpsychiatrie
- **www.dgppn.de:** Deutsche Gesellschaft für Psychiatrie, Psychotherapie und Nervenheilkunde
- **www.dhs.de:** Deutsche Hauptstelle für Suchtfragen (DHS)
- **www.drobs-hannover.de:** Jugend- und Suchtberatungszentrum/ Psychosoziale Beratungs- und Behandlungsstelle in Hannover
- **www.dzskj.de:** Deutsches Zentrum für Suchtfragen des Kindes- und Jugendalters (DZSKJ)
- **www.emcdda.europa.eu:** Europäische Beobachtungsstelle für Drogen und Drogensucht (EBDD)
- **www.gesundheitsforschung-bmbf. de/de/137.php:** Ministerium für Erziehung und Wissenschaften (BMBF) zum Thema Suchtforschung
- **www.ginko-ev.de:** Stiftung für Prävention sowohl auf kommunalem Bereich als auch auf NRW-Landesebene; weitere Internetseiten von Ginko z.B. www.rauschfaktor.de und www.ginko-ev.de/drugsandbrain/
- **www.ift.de:** Institut für Therapieforschung München

- **www.juvente.de:** Jugendorganisation der Guttempler in Deutschland (www.guttempler.de)
- **www.kinder-im-mittelpunkt.de:** KiM – Kinder im Mittelpunkt: Kinderabteilung der Guttempler
- **www.mitmischen.de:** das Jugendportal des deutschen Bundestages
- **www.nacoa.de:** Interessenvertretung für Kinder aus Suchtfamilien e.V.

- **www.prevnet.de:** Fachportal zur Vernetzung der Beteiligten im Feld Prävention
- **www.psychologie.tu-dresden.de/bmbf:** Deutsches Suchtforschungsnetz
- **www.rki.de:** Robert Koch-Institut; u.a. mit Gesundheitsberichterstattung auch zum Thema Kinder- und Jugendgesundheit
- **www.zis-hamburg.de:** Zentrum für interdisziplinäre Suchtforschung Hamburg

Spezifische Projekte und Prävention

- **www.alice-project.de:** Alice, »The Drug and Culture Project« in Frankfurt – Aufklärung auf Partys, Open-Air-Konzerten, Kongressen und in Schulen
- **www.bist-du-staerker-als-alkohol.de:** Site der BzgA mit zahlreichen Informationen für junge Leute
- **www.drugcom.de:** Site der BzgA mit zahlreichen Informationen für junge Leute und Partygänger; inklusive Chatroom sowie Alkohol-Test »Check your drinking« und Cannabisausstiegsprogramm »Quit the Shit«
- **www.coolandclean.ch:** Schweizer Präventionsprogramm für »fairen und sauberen« Sport
- **www.drugscouts.de:** Projekt der Suchtzentrum gGmbH (www.suchtzentrum.de) mit Informationen zu illegalen und legalen Drogen für junge Leute und Partygänger
- **www.kinderstarkmachen.de:** Site der BzgA mit zahlreichen Informationen für Erwachsene, um Kindern beizubringen, zu Suchtmitteln »Nein« sagen können
- **www.kidkit.de:** »Kidkit – Hilfe für Kinder und Jugendliche süchtiger Eltern« ist ein Projekt des KOALA e.V. (Kinder ohne den schädlichen Einfluss von Alkohol und anderen Drogen e.V.) und der Drogenhilfe Köln e.V.
- **www.partypack.de:** Internetseite der Drogenhilfe Köln e.V. mit Informationen zu legalen und illegalen Drogen und Online-Beratung
- **www.pille-palle.net:** Projekt der Suchthilfe in der Region Bodensee-

Buchtipps

Oberschwaben mit zahlreichen Informationen und Beratungsangebot für junge Leute und Partygänger, die Suchtmittel konsumieren
- **www.realize-it.org:** Beratungsprojekt in Deutschland und der Schweiz bei Cannabiskonsum
- **www.salus-praevention.de:** Informationen zu Alkohol und Tabak und zum Präventionsprogramm »Lieber schlau als blau«
- **www.staygold.eu:** Kampagne der Polizei von Bund und Ländern gegen das Komasaufen

Buchtipps

Ratgeber und Berichte zu Alkohol und Drogen gibt es etliche. Solche speziell zum Thema Alkohol im Jugendalter sind dagegen rar, richten sich fast nur an Fachleute und beleuchten das Ganze meist unter dem Aspekt Sucht. Im Folgenden eine Auswahl von passender Literatur rund um die Themen dieses Buches.

Alkohol und andere Drogen

Rainer Thomasius et al.: **Suchtstörungen im Kindes- und Jugendalter.** Schattauer, 2009

Michael Klein: **Kinder und Suchtgefahren.** Risiken – Prävention – Hilfen. Schattauer, 2007

Rainer Thomasius, Udo Küstner: **Familie und Sucht.** Schattauer, 2005

Johannes Lindenmeyer, Simone Rost: **Lieber schlau als blau – für Jugendliche:** Ein Präventionsprogramm für die Schule. Beltz, 2008

Raphael Gaßmann: **Jugendliche und Suchtmittelkonsum:** Trends – Grundlagen – Maßnahmen. Lambertus-Verlag, 2008

Christoph Möller: **Sucht im Jugendalter:** Verstehen, vorbeugen, heilen. Vandenhoeck & Ruprecht, 2007

Helmut Kuntz: **Drogen & Sucht: Alles, was Sie wissen müssen.** Beltz, 2007

Franz Stimmer, Stefan Müller-Teusler: **Jugend und Alkohol. Jugendalkoholismus:** Ursachen, Auswirkungen, Hilfen, Prävention. Blaukreuz Bern, 1999

Deutsche Hauptstelle für Suchtfragen e. V.: **Jahrbuch Sucht.** Neuland (erscheint jährlich)

Udo Küstner, Gisela Beckmann-Többen: **Bekifft und abgedreht:** Wenn Cannabis zum Problem wird. Balance, 2007

Bernd Werse: **Cannabis in Jugendkulturen.** Kulturhistorische und empirische Betrachtungen zum Symbolcharakter eines Rauschmittels. Archiv der Jugendkulturen, 2007

Eckhard Schiffer: **Warum Huckleberry Finn nicht süchtig wurde: Anstiftungen gegen Sucht und Selbstzerstörung bei Kindern und Jugendlichen.** Beltz, 2001

Christine Biernath: **Hochprozentiges Spiel.** Thienemann, 2008 (kein Ratgeber, sondern ein Jugendroman)

Annette Weber: **Sauf ruhig weiter, wenn du meinst!** Verlag An der Ruhr, 2004 (kein Ratgeber, sondern ein Jugendroman)

Kinder begleiten und stark machen

Jan-Uwe Rogge: **Pubertät: Loslassen und Haltgeben.** Rowohlt Tb., 2005

Peer Wüschner: **Grenzerfahrung Pubertät: Neues Überlebenstraining für Eltern.** Eichborn, 2005

Wolfgang Bergmann: **Disziplin ohne Angst: Wie wir den Respekt unserer Kinder gewinnen und ihr Vertrauen nicht verlieren.** Beltz, 2007

Wolfgang Bergmann: **Halt mich fest, dann werd ich stark:** Wie Kinder fühlen und lernen. Pattloch, 2008

Gabriele Haug-Schnabel, Barbara Schmid-Steinbrunner: **Wie man Kinder von Anfang an stark macht:** So können Sie Ihr Kind erfolgreich schützen – vor der Flucht in Angst, Gewalt und Sucht. Oberstebrink, 2005

Robert Brooks, Sam Goldstein: **Das Resilienz-Buch.** Wie Eltern ihre Kinder fürs Leben stärken. Klett-Cotta, 2007

Buchtipps

Prävention

Klaus Hurrelmann, Theodor Klotz, Jochen Haisch: **Lehrbuch Prävention und Gesundheitsförderung.** Huber, 2007

Hauke Wagner: **Suchtprävention – Kinder stärken und fördern:** Neue Wege und Methoden für Eltern und Pädagogen. Wagner, 2006

Andreas Robra: **Das SuchtSpielBuch: Spiele und Übungen zur Suchtprävention in Kindergarten, Schule, Jugendarbeit und Betrieben.** Kallmeyer, 1999

Stichwortverzeichnis

Stichwortverzeichnis

Impressum

Liebe Leserin, lieber Leser,
hat Ihnen dieses Buch weitergeholfen? Für Anre-
gungen, Kritik, aber auch für Lob sind wir offen.
So können wir in Zukunft noch besser auf Ihre
Wünsche eingehen. Schreiben Sie uns, denn Ihre
Meinung zählt!

Ihr Trias Verlag

E-Mail Leserservice:
heike.schmid@medizinverlage.de

Adresse:
Lektorat TRIAS Verlag, Postfach 30 05 04,
70445 Stuttgart, Fax: 0711-8931-748

Bibliografische Information
der Deutschen Nationalbibliothek
Die Deutsche Nationalbibliothek verzeichnet diese
Publikation in der Deutschen Nationalbibliografie;
detaillierte bibliografische Daten sind im Internet
über http://dnb.d-nb.de abrufbar.

Programmplanung: Sibylle Duelli
Redaktion: Nathalie Blanck, Dagmar Reiche

Umschlaggestaltung und Layout:
Cyclus · Visuelle Kommunikation, Stuttgart

Bildnachweis:
Umschlagfoto: A1Pix Fotofinder
Fotos im Innenteil: A1Pix Fotofinder: S. 3; BSIP/A1Pix:
S. 4 oben, 8; Ute Grabowsky/photothek: S. 5, 88;
Marija Kasalo/Vario Images: S. 4 unten, 40; Pixland/
Jupiterimages: S. 6, 118; © Polizeiliche Kriminalpräven-
tion der Länder und des Bundes: S. 129
Die abgebildeten Personen haben in keiner Weise
etwas mit der Krankheit zu tun.

© 2009 TRIAS Verlag in
MVS Medizinverlage Stuttgart GmbH & Co. KG
Oswald-Hesse-Straße 50, 70469 Stuttgart

Printed in Germany

Satz und Zeichnungen s. 13 und 28: Fotosatz Buck,
84036 Kumhausen
gesetzt in: InDesign CS3
Druck: AZ Druck und Datentechnik GmbH,
        87437 Kempten

Gedruckt auf chlorfrei gebleichtem Papier

ISBN 978-3-8304-3521-1   1 2 3 4 5 6

Wichtiger Hinweis:
Wie jede Wissenschaft ist die Medizin ständigen
Entwicklungen unterworfen. Forschung und kli-
nische Erfahrung erweitern unsere Erkenntnisse,
insbesondere was Behandlung und medikamentöse
Therapie anbelangt. Soweit in diesem Werk eine
Dosierung oder eine Applikation erwähnt wird, darf
der Leser zwar darauf vertrauen, dass Autoren und
Verlag große Sorgfalt darauf verwandt haben, dass
diese Angabe **dem Wissensstand bei Fertigstellung
des Werkes** entspricht.
Für Angaben über Dosierungsanweisungen und
Applikationsformen kann vom Verlag jedoch keine
Gewähr übernommen werden. Jeder Benutzer ist
angehalten, durch sorgfältige Prüfung der Beipack-
zettel der verwendeten Präparate und gegebenenfalls
nach Konsultation eines Spezialisten festzustellen, ob
die dort gegebene Empfehlung für Dosierungen oder
die Beachtung von Kontraindikationen gegenüber der
Angabe in diesem Buch abweicht. Eine solche Prüfung
ist besonders wichtig bei selten verwendeten Präpa-
raten oder solchen, die neu auf den Markt gebracht
worden sind. **Jede Dosierung oder Applikation erfolgt
auf eigene Gefahr des Benutzers.** Autoren und Verlag
appellieren an jeden Benutzer, ihnen etwa auffallende
Ungenauigkeiten mitzuteilen.